南方人文聚落

大高雄人文印象暨文化館

作家的私房推薦

高雄的文化飲食・古蹟歷史・景點風光

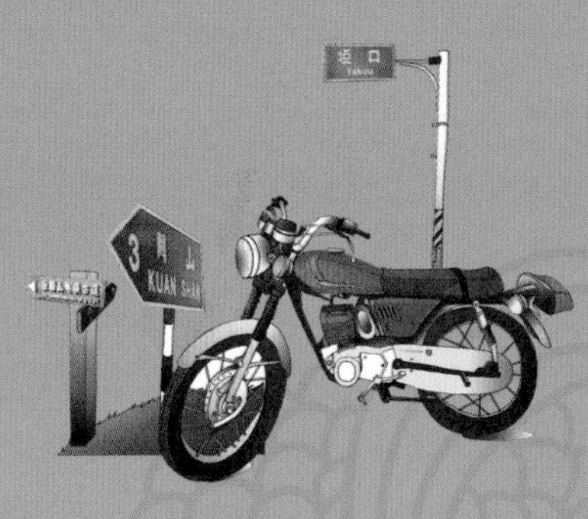

高雄的地方文化館

高雄地方文化館．地圖導覽

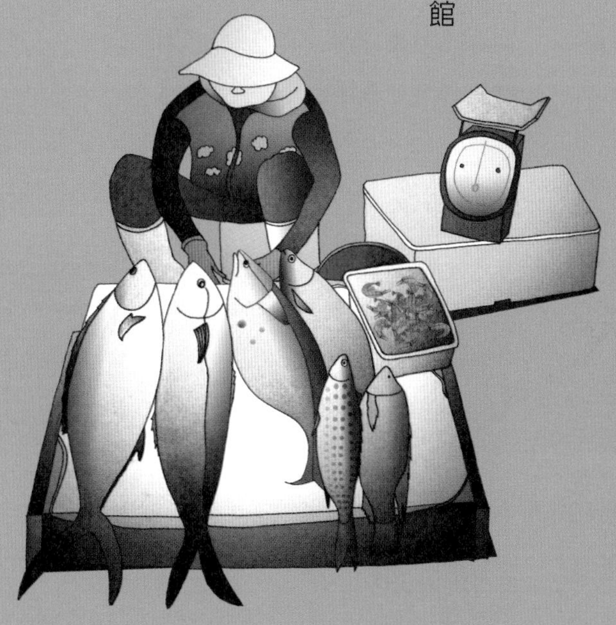

市長序

南方之境，人文新視界

二〇一〇年高雄縣市合併，大高雄幅員更為廣闊，山海川嶺交錯、區里城鎮相連，蔚成繽紛繁盛、多元薈萃的新人文聚落。深情注目大高雄此座因緣著長年歷史建成的萬象面貌，聚納豐厚多元文化內涵，在在勾勒出大高雄的人文特色風格，透過文學作家們文字引領的穿巷過弄、翻嶺踏海，旅逛大高雄的好山好水、美食美景，展現南方國度的敦實豐厚與雍容寬宏，繼以南方人文薪火得以永續傳承，更鋪展出大高雄人文高度的時代新風華。

攤卷展閱《南方人文聚落—大高雄文化印象》，三十一位文學家舉如椽之筆，尋勝訪幽這座城市每一處風景，恢宏展演地方生活劇場、幽揚奏鳴南方人文樂章，無論遍覽高雄建築景觀的文學走讀，飄香高雄珍饈吮指的美味記憶，傳衍高雄古蹟遠史的文化古意……，篇篇佳構都深烙著特有的空間美學、閃透著斑斕的城市光華，各在高雄境內角落轉隅間，發掘市井演義、食饌菜譜、時間雕痕、人文風景，以在地關懷為本，領略生活美學之深義，文采揮灑青春紀事，深切孕育大高雄地方人文采風，且宏廣呈現高雄人文高度與視野，引領南方在地文學的風華演義，而豐饒、而盎然、而壯闊。

在全球化的潮流下，城市競爭力皆與文化發展密不可分，因為文化是軟實力的表現，足以養成城市無限的創造力、高度品味及卓越思考能力等不朽傳世價值。《南方人文聚落—大高雄文化印象》專書的企劃出版，正是我們期望高雄市這座全新的美麗城市，在此歷史關鍵處躍高望遠，向人文工程建基深掘，讓文化精神昂揚標舉的積極作為。展卷閱讀大高雄人文的壯麗風景，其光影輝煌交映出的洶湧與永恆，耀照著南台灣廣袤的文化之境，閃亮燦晶。我們深自期許，並邀請大家以此範本按圖索驥以追循文化路跡，昂首高吭向高雄之人文新視界，謳歌讚頌。

高雄市長

陳菊

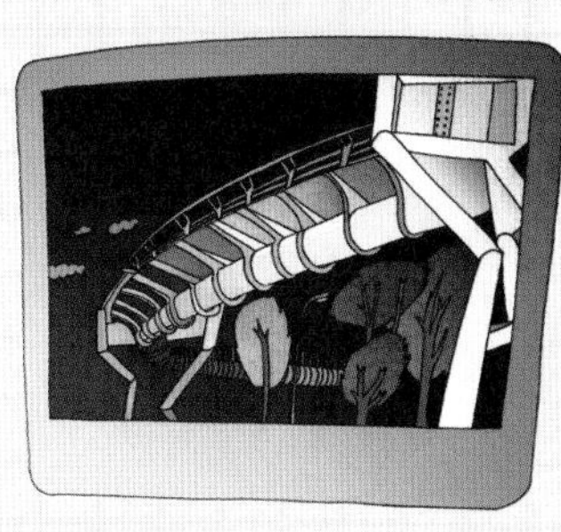

局長序

打造人文經典的壯觀榮景

耙梳理絡城市的歲時刻痕，高雄市在縣市合併、行政區域擴大之後，更已成為具有大器格局、恢弘氣度的人文國度，其以文學書寫來展現高雄的幽微與壯闊、豐饒和多元，文化飲食主張有之、節令信仰韻事有之、舊街老店走遊有之、傳統藝匠風采有之、地標景觀導覽有之……，圖文並茂間屢屢蕩氣迴腸而餘韻猶存，更篤篤見證大高雄之於在地精神的瑰麗縮影，共同打造南方人文經典的壯觀榮景。

高雄作家創作豐沛，熱情活力十足，《南方人文聚落―大高雄文化印象》專書邀請三十一位高雄作家，或以美食味覺，或以氣味、體驗逕巡書寫南方人文聚落。世居美濃的鍾鐵民以美味客家菜散溢他筆耕的味覺，莊金國與李昌憲則是以腳程與鏡頭來應證他們的文學慢活。海洋詩人汪啓疆意指舌頭把人的腸胃帶到眷村，漁港風華、湖濱散記、南橫印象與海洋城市的光影紀事在陌上塵、李友煌、方耀乾、傅怡禎、凌性傑、王希成等不同世代作家筆下一一走過青春容顏，流露或寫景或抒情的記憶刻紋。

年輕作家鄭順聰、徐嘉澤、米爾與郭正偉對街的盡頭與河港鐵道的記憶複還也是迥然不同的，夏夏與動物一起散步，揭開了青春書寫的視角。熱情的海味在小說家凌煙筆下生猛活跳，草地人豆花、鐵路新村、阿婆的麵食滋味、餛飩、碗粿等在地美食在陳朝震、施百俊、潘弘輝、張文綺、李志薔筆下人情味十足，織構成一張氣味高雄地圖。

御書房是南方文人與環保運動醞釀催生的場所，布蘭奇咖啡的人情味覺是涂妙沂早晨靈感的甦醒，半九十茶屋是陳雋弘做了夢的茶，黛麗莎餐廳每個月舉辦二次「拉丁之夜」揚起了港都佛拉門歌式的浪漫，馬里斯廚房是文創私廚王信智的味蕾慰藉，歐式派店是僑生周天派在高雄求學時融合異國與在地的懷舊鄉愁，臻融美術館則是詩人謝佳樺、鍾順文以生命與詩修行的勝地。

張德本與蔣為文為台文注入畢生氣力，台文筆會與阿公店溪風雲成了他們宣揚志業及孕育台灣詩文的港灣，郭漢辰以永恆的虹彩—書寫鍾理和及葉石濤走過的大高雄文學軌跡，為這本南方人文聚落作了再出發紀錄的註腳，也為高雄文學開拓更多元創作路徑，使大高雄的文學圖像更臻紋理密佈，豐饒龐闊。

文學作家的書寫內涵，是反映城市人文深度的指標，更是城市向上提升的力量泉源，誠摯向這群文學作家致上謝忱及敬意，因為他們的生花妙筆，散發著無比熱情與活力，文學芬芳乃撲鼻瀰漫，一一在高雄城里間遍佈創作花徑與文學森園，其文采斑斕灼灼光華照耀高雄，確使大高雄的人文星圖更臻璀燦亮麗、亙遠彌新。

高雄市文化局局長

LOVE
美麗島站

作家的私房推薦

高雄的文化飲食 · 古蹟歷史 · 景點風光

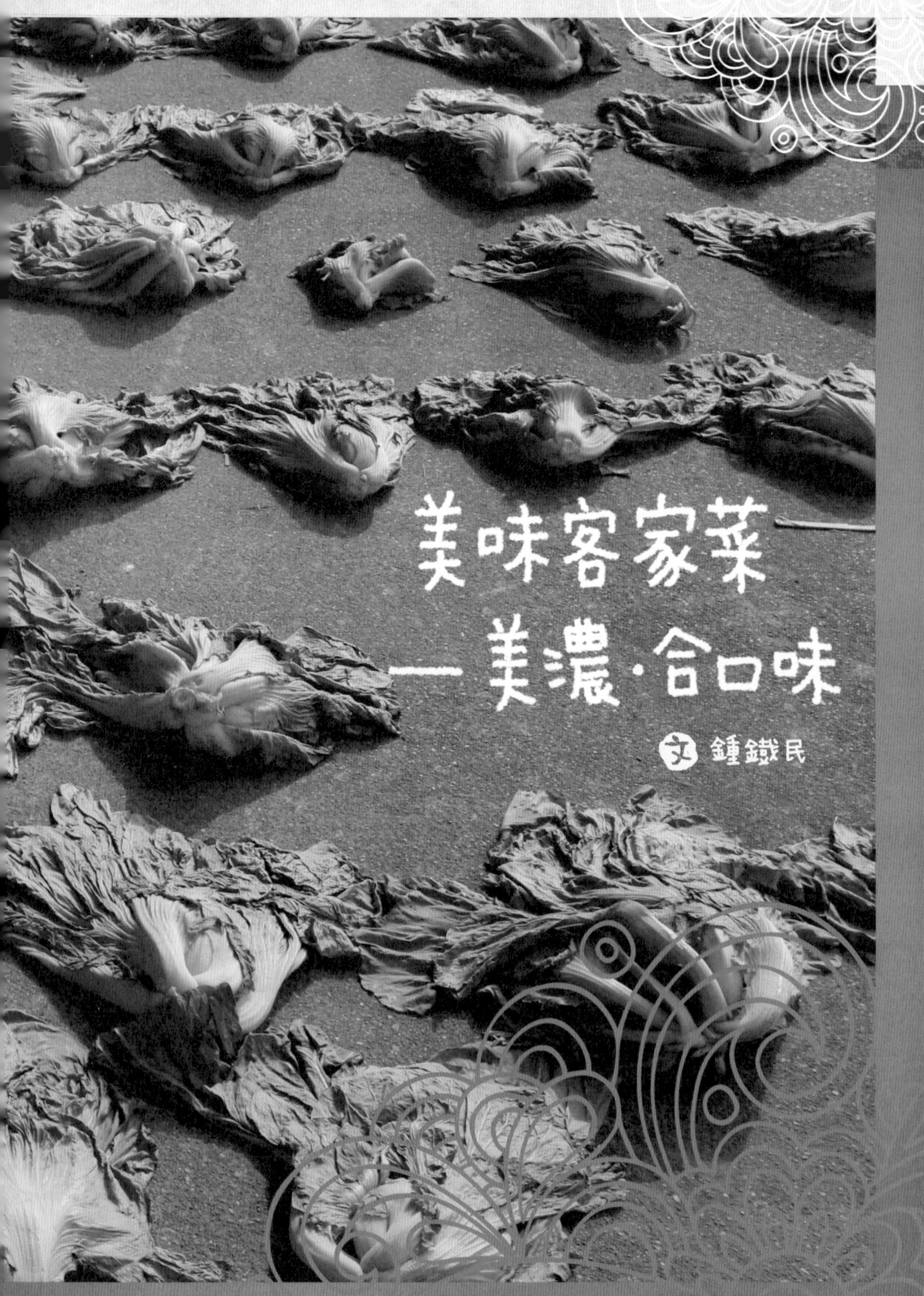

美味客家菜——美濃·合口味

文 鍾鐵民

來到美濃，想品嚐美味佳餚，必定不能錯過「合口味」餐廳。合口味位於東門樓附近的民族路上，由傳統夥房的廂房改建而成，從外觀看，以為只是個窄小餐廳，但進到裡頭，卻發現別有洞天，除大宴會廳，還有三個分別命名為147、258、369的小包廂。258這個數字在美濃客家話裡是個特殊詞彙，有讚美肯定的意思，指事物雖非頂級美好卻也「還不差」；369則指處理事情未求精細，有潦草粗略馬馬虎虎之意，但也有謙稱「普通」「還過得去」之意；加上147湊成九宮之數。就同「合口味」的菜色一樣，希望貴賓能「將就湊合」不要嫌棄。

現在老闆陳光仁廚藝精，曾在美國「雙橡園」，錢復當駐美代表時擔任使館大廚，負責國宴。返台後回美濃接手父親的家庭小餐廳，整修擴大而有現在規模。於傳統客家大菜外，再加入江浙料理，古老菜色中又有精緻料理，確能迎合在地人和外來老饕口味，一吃難忘，常會呼朋引伴再三光臨，成為美濃著名的餐廳。陳老闆有許多私房菜，滿足特別食客的要求，若提早預約，還可烹調水果大餐，品嚐到時令水果入菜的鮮美。

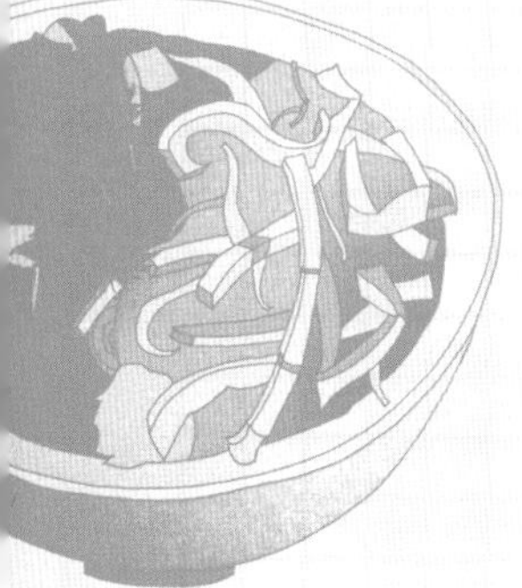

作家小檔案

鍾鐵民 ｜ 世居美濃，在家鄉旗美高中擔任教職，今已退休。喜愛文學，繼承父親鍾理和志業從事創作多年，以小說散文為主。唯才華不足性格懶散，只能在文壇搖旗吶喊，充當小兵。

傳統客家菜給人的印象是又油又鹹，口味很重，合口味的客家菜則是加以改良，較符合現代人飲食習慣，即使某些菜色感覺有點油，不過還在可以接受的範圍，至於口味則是鹹淡剛好。菜餚的色澤與香味，會令人食慾大開，每道菜都很下飯，所以去合口味吃飯，常會吃得太飽。

店內幾道招牌料理，值得特別介紹：

一．小豐筍干

小豐是家常菜，筍干與豬肉一起吃有解油膩的效果。小豐與大豐不同，大豐是大塊豬肉下去滷，而小豐則是將三層豬肉切成小塊紅燒，味道與口感和大豐不同。通常大豐是過年過節或結婚喜慶才吃得到。

二．塔香茄子

茄子去皮過油，很軟，入口雖然會覺得很油，但卻相當好吃。九層塔的味道很香，與茄子很相配。這道菜很適合配飯，絕對可以多吃幾碗。

【座標小導遊】

合口味是美濃東門樓附近一間家庭式餐廳，老闆陳光仁曾任美國雙橡園主廚，除傳統客家料理，還供應精緻江浙菜。

上圖：合口味餐廳外觀。
左圖：美濃東門樓。

三．野蓮

野蓮古稱荇菜，是美濃當地的名產，原為野菜，現則有專門種植。因為是產地，所以很新鮮，吃起來清脆，薑絲則將野蓮的清香襯托出來。北部有些客家餐廳會加入香菇、肉絲、大蒜等配料，呈現出多元的口味。不過「合口味」簡單的加入薑絲，最能凸顯野蓮的清香。

四．薑絲炒豬肚

作法與炒大腸相似，但沒有大腸那麼酸，有加醬油。豬肚選厚脆的那一部份，口感很好，配合大量嫩薑絲。醋是炒大腸或炒豬肚不可或缺的，聞到那強烈的酸味，就能令人口水直流，即使酸到流淚也要吃。

五．冬瓜高麗菜封

傳統作法，以醬油為底，將大塊冬瓜與切半的高麗菜一起用大鍋悶煮，直到其軟爛入味，為美濃特殊菜色。「合口味」的冬瓜與高麗菜封很入味，很香，入口即化。來美濃吃客家菜必點的一道，這是北部客家庄所沒有的菜色。

六．招牌豆腐

豆腐先煎過再紅燒，並加入蒜苗、辣椒、絞肉等提味，豆腐很嫩，沒有石膏味不會太鹹，與其他配料搭配得當。有點油，不過很好吃。

七．菜干四季豆

高麗菜干切成末與四季豆一起炒，四季豆清脆、有口感，配合高麗菜干，鹹中帶點酸，能讓人開胃。高麗菜干是美濃特殊的醃製品，味道帶酸，口感清脆，是很適合提起食慾的一道菜。

八．高麗菜干排骨湯

高麗菜干是老闆自己醃製的，所以很新鮮，色澤明亮。排骨湯能品嚐到菜干的酸味，菜干又能保持脆度，聞起來也香，酸味很刺激味蕾。吃完重口味的菜後，來一碗清爽的湯，可解油膩。

九．紹興醉雞

紹興酒的味道很香，卻沒有酒味，讓不敢喝酒的人也敢吃。雞肉有彈性，去掉脂肪，不會太

上圖：客家小炒。
右圖：小菜醃蘿蔔。

上圖：菜脯蛋。
右圖：合口味是在地人請客的首選餐廳。

鹹，肉凍也很好吃。除了在餐廳享用，還有食客會外帶回家。

十．蜜汁火腿

「合口味」的招牌菜。因做工繁複，所以價格較貴。豆皮酥餅很脆，蜜汁火腿很香，麵皮剛蒸好，熱熱軟軟的。將火腿、酥餅夾在麵皮中一起吃，酥脆香甜，口感最好。

「合口味」假日時常常客滿，尤其是春節期間，若不提早預約，是無法品嚐到美味佳餚的。春節菜色固定，以傳統客家菜為主，當然少不了招牌菜紹興醉雞，方便廚房準備，也可快速出菜，不讓客人久候，滿滿一桌佳餚，保證吃得盡興。

「合口味」附設有停車場，餐廳內的洗手間乾淨明亮，這在美濃地區是很少見的。此外，陳老闆還到社區大學上課，學習更多的才藝知識。因為老闆的精湛手藝與菜餚的品質穩定，才能成為在地人請客的首選餐廳。

【歷史小檔案】

陳光仁的父親利用三合院靠近馬路的橫屋及庭院開設客家小吃店，光仁美國回來後接手經營，打響知名度吸引外地遊客，不靠裝潢，純靠美味。

少女峰——我的私房景點

文 莊金國

柴山有一百多個景點，其中的少女峰，海拔高度逾三百米，屬於高位珊瑚礁頂峰，在柴山西海岸居高臨下，三面均為斷崖絕壁，由西南山麓坡道遠眺，隱約可見峰頂圍著欄杆，那是為防範登山遊客越界涉險而做的。

少女峰引起我慕名前往攀登的興趣，是讀了山友洪田浚編著《壽山的人文歷史》一書，在第二章〈壽山的寶藏〉第三節「林道乾與十八攜籃半」裡，他根據傳說，描述明代海賊林道乾的妹妹林金蓮與婢女杏花，留駐百仞山中看守著十八個攜籃的白金，這「百仞山的尖頂，後來稱做秀峰，是個神秘的境地」文中附註秀峰即今之少女峰，由此可以想見，百仞山也就是壽山，舊名麒麟山、埋金山、打狗山、打鼓山、猿山，高雄人則習慣叫做柴山或猴仔山。

第一次隨同友人爬上少女峰，自柴山東側往西行，經過七蔓休息站、南柴山好漢坡、好漢亭、三角點（海拔高度三三〇米）再輾轉取道少女峰。上去之後，又循原路線返回，無緣得見其懸置於半空中的峰貌，甚感可惜。

作家小檔案

莊金國 ｜ 一九四八年出生於高雄縣大樹鄉，十七歲開始寫詩，曾加入《笠》、《主流》詩社，與文友創辦《鹽(文學雜誌)》，著有詩集《鄉土與明天》、《石頭記》、《流轉歲月》、《莊金國集（詩選，杜文靖編）》及編《李魁賢集》、《黃樹根集》；報導文集《尋找台灣精神二》（合著，負責專訪賴和醫療服務獎第六至十屆得獎人及第十屆特別獎得獎人）、《文化南國》（合著，負責高雄縣市）、《臺灣流動見證》。一九八0年從事新聞工作，至二00八年身體不適退休，歷任報社記者、副主任、主任、印務廠代理廠長、有線電視台新聞部召集人、政論雜誌社特派記者，曾主持時事訪談節目，企劃製作《南葉傳奇》、《二二八高雄事件》等專輯，台灣日報副刊「非台北觀點」專欄撰稿。

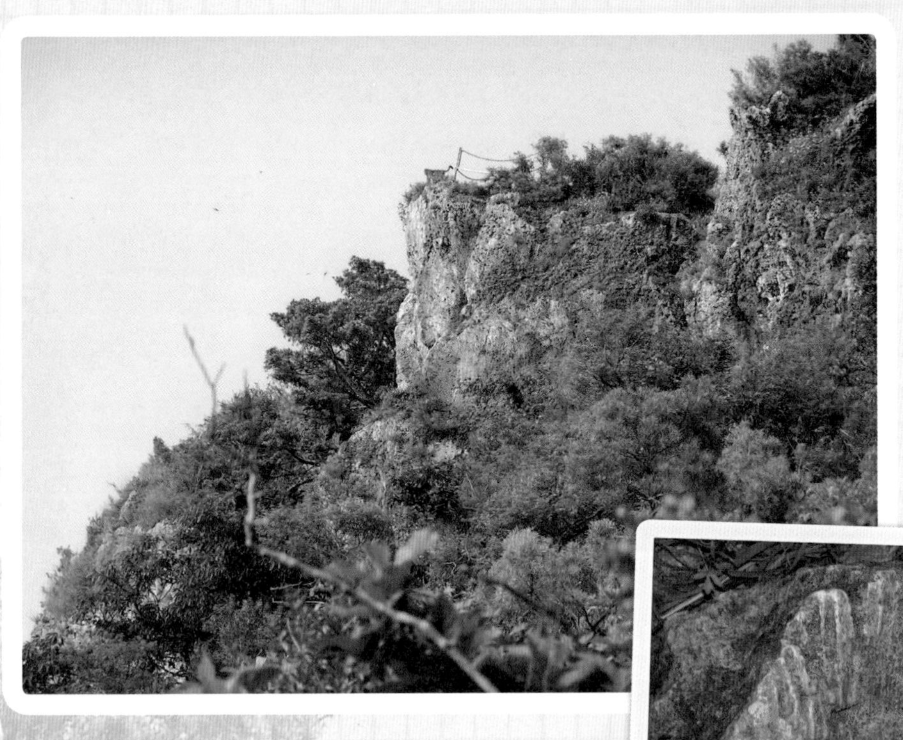

上圖：少女峰西南側面。
右圖：珊瑚礁化石。

想要見識挺立柴山西海岸高處的少女峰，取道遂改由西向東。我家在鳳山，搭高雄捷運橘線直抵終點西子灣站，非常便捷。西子灣站其實設在哈瑪星，距離西子灣隧道不遠。穿過通往中山大學的西子灣隧道，這是打通柴山最南端的穿山孔道，舊名壽山洞，於日治昭和三年（一九二八）竣工，只開放步行及騎乘單車。洞內全天候燈亮如畫，人來人往像走在時光隧道。

中山大學校園裡，尚有一處日治時期的建築物，那就是坐落於蓮海路的「蔣公行館」，原為醫師彭清約斥資興建的西子灣別墅，屬日本和風式二層樓建築，目前保存三棟，分別由木造的過水廊道連接，其外觀特徵是屋頂黑瓦、綠壁、白圍牆。

彭清約與兩位弟弟清靠、清良，在高雄首創一門三醫生兄弟檔紀錄。彭清靠後來從政，戰後曾擔任高雄市參議會議長，其子彭明敏因公開主張台灣自決，被國民政府禁制，在戒嚴恐怖氛圍中透過化妝、化名逃出國門，撰寫回憶錄《自由的滋味》，對蔣家政權統治台灣的內幕，有相當程度的剖露。

往少女峰，可循中山大學理學院傍側或文學院後方的步道前進，前者有一段混凝土路和柏油路，兩邊地勢為左下右上邊坡，右邊有水泥板圍牆加設鐵絲網隔離，長約僅一公里，卻被喻稱「萬里長城」。由於林蔭茂密，海風吹拂，令人身心涼快。這條綠色廊道，有人還在牆上噴寫「全國最美登山道」字樣，官方則指定為「南壽山環境教育步道」，沿途立牌以圖文介紹柴山特色植物，如毛柿，血桐、構樹、林投等。少女峰就在文學院後方山稜線上，文學院後側邊坡的幾條小徑，雖是上山的捷徑，熟悉的人並不多。

天梯般的登山步道。

「萬里長城」步道轉為土石路段，眼前出現緩坡叢林，步道遍布珊瑚礁岩，俗稱咾咕石，尖銳稜角久經登山客踩踏磨鈍，有的還可看出珊瑚化石的原來形狀。柴山地質為隆起的珊瑚礁，西海岸迎風面的動植物，得以存續，要具備強韌的生命力。柴山到處可見樹與藤叢生於礁岩，樹木盤根交錯於岩壁的景觀。

路旁一株樹幹上釘掛書寫「鯉龍山」的名牌，顧名思義，鯉龍山乃取名其地形，在蜿蜒的步道上看不出端倪，也許要乘舟於海，才能瞧見似鯉若龍或「鯉魚躍龍門」的形狀。

即將脫離山麓的緩坡台地，山友們開闢出一片小花圃，叫做後花園，這是上少女峰唯一有桌椅可使用的休憩處，也是一覽西子灣海景的瞭望台。

循著兩邊有掛繩的步道，手腳並用緩步攀爬，有些路段的坡度極陡，望之如登天梯，於是學猴子攀岩。不管爬上爬下，都要抓住繩子，遇兩三人同抓同段繩子，容易擺盪，要小心抓穩及踏穩，再移動腳步，否則一失手或一失足，就有跌落山谷的危險。

柴山古名猿山，據說早在四萬年前，即有獼猴在此棲息。柴山獼猴繁衍至今，已超過五千隻，登山遊客每日平均也不下五千人次，人猴如何相處，互不干擾，被視為「高雄學」必修功課之一。上少女峰途中，常見少數獼猴在林間跳躍穿梭，只要你不隨意取出食物，就不至於引來猴群騷擾。

沿途陡坡間的轉角處，可仰望稜線部分山頭，下眺海岸波浪及海面上航行的船影。起先，我誤以為轉角處右上方的兩座小峰，左高翹，右尖突，就是所謂的少女峰。探問擦身而過的山友，才知那是南柴山的連綿頂峰，少女峰還得向上爬，他遙指高懸於左上方的稜線隱沒處。

上圖：少女峰最高點。
右圖：相思樹上的獼猴。

當我到達視線不受阻礙的據點，終於目睹少女峰的真面目，那是她的西南側面，並不如預期憧憬的優美弧度，主要因為遠見少女峰被人工欄杆所圍堵，很不搭調。等我登上峰頂，隨即修正前此主觀的想法，峰頂若無欄杆、鐵鏈環繞阻隔，登頂可說隨時岌岌可危。

少女峰形同坐落在青春嶺上，西側面對台灣海峽，垂直岩壁可深達百米，她孤懸於稜線邊緣，接近之前，需穿越石灰岩峽谷。從南側攀爬，岩石上架設的繩子變粗大，因為登峰坡度陡峭，繩子若細小，抓不穩易增風險。上了峰頂，高點在東南側，其下台地砌造兩座水泥圓柱，不知做何用途？倒是其中一座被山友書寫少女峰名，變成遊客最喜歡互相留影之處。平台北側隆起的礁岩，如隻身迎風坐立其上，萌生遺世獨立感。

夕陽西下之際，但見海面碧波中泛起一片金鱗閃閃的光澤。儘管有人形容少女峰是高雄最美的一隅，在夜幕籠罩前，終須告別。下山，最好斜著身或倒退移步，膝蓋關節比較不吃力，同樣要抓緊繩子，避免摸黑走失。途中，聽見猴子成群吼叫於密林深處，牠們也要回家休息了。

從柴山遠眺西子灣。

【座標小導遊】

少女峰位置：中山大學理學院 → 南壽山環境教育步道（另名「萬里長城」）→ 中大文學院後方（也可逕由文學院旁坡道上去）→ 鯉龍山樹牌 → 少女峰路標 → 後花園 → 陡坡步道 → 左轉岩壁幽谷 → 左轉攀登少女峰。

草地人豆花

文 陳朝震

小時候，日正當中，我就期待一個黑人出現。他一定在中午出現，帶著一頂開花的葵笠，搖著銅管仔叮噹噹的出現。怪不得他黑，因為他每次都在大太陽底下出現，小小的葵笠根本沒有遮日的功效，陽光晒得他全身發黑發亮，來收買歹銅舊錫。厝邊隔壁小孩紛紛跑出來呼喊：「黑人來了，黑人來了。」有的從家中拿出昨晚吃剩的空罐子，或是早上擠空的牙膏盒子，全是不值錢的東西，黑人接過來看了看，嘆了一口氣從桶子裡拉出一條麥芽膏捲在竹籤上交給小孩，小孩就高興的跳回去了。

夕陽西下，又有一個蒼老的叫賣聲音出現：「豆花，豆花，大家來呷豆花。」那個音調好像豆花車倒擔，一碗兩角半，可以吃免錢。兩角一碗並不貴，但也要等大人手頭寬鬆，偶而才買給家人吃。我第一次吃到豆花，是我病懨懨躺在床上，當那溫潤香甜的燒豆花通過我喉嚨時，我就知道我的病好了。

也不知道過了多久，黑人不再出現。豆花的叫賣聲也沒了，一個六七十歲的老人家，肩挑竹擔，前頭碗匙下面加上一桶清洗用水，後頭一桶燒豆花以及下面的火爐，又能支持多久呢！不過豆花濃郁的香味一直環繞在我腦海裡，以及挑擔老人夕陽下佝僂的身影。

作家小檔案

陳朝震 | 正港高雄在地人。1974年集發表於各報章雜誌的文章，出版散文集《空空的一把》後擱筆三十五年。2009年重拾鏽筆，得「打狗文學」散文獎。2010年出版《巧婦常伴拙夫眠》散文集。

料多味美的綜合豆花。

【座標小導遊】

草地人豆花位於鳳山體育館前鳳凌廣場上，供有各式各樣時鮮冰品。最為人稱道的是，獨家開發，香濃可口，入口暖胃的復古傳統燒豆花。

我也曾四處尋覓，我不上那裝潢漂亮的店面，專找巷子內簡陋的攤子，因為要碰到挑擔叫賣豆花的老人已是不可能，早已換上機動的車輛。有一年到大陸西安旅遊，真的遇上一個老人挑擔叫賣豆花而來，不容遲疑立刻買一碗來吃。可能豆花出爐太久了，有點糊掉，味道就差了，而且加的糖顆粒，不是糖水，少掉那焦香味。

也曾慕名前往台南一家遠近馳名的豆花店，為了應付各方來客，搞了很多花樣，反而失掉傳統單純的豆花口味。

也曾路過五甲路一家豆花店，冬天的燒豆花幾乎讓我以為找到兒時挑擔老人的手藝。可是進入夏天，燒豆花不賣了，改賣加入菜燕的冰豆花，失去黃豆濃郁豆香，只有脆白乏味的菜燕，又如何稱叫豆花。

二〇〇八年電影「海角七號」風靡全台，由盛夏進入初冬仍火熱上映，我到鳳山體育館前的東亞戲院看電影。散場出來，鳳凌廣場華燈初上遊人如織，我越過人群到對面三民路傢俱街一家四川餐館吃牛肉麵。飽足後有點口渴，又回到鳳凌廣場想喝個飲料。

猛然間看到一支旗幟飄揚在燈火中，旗幟標有「草地人豆花」，姑且進去一試。穿唐裝的老板端來一碗燒豆花，青瓷的平碗，幾片豆花重疊，只看到最上面的一片，透過焦黃的糖水，好似一塊古色古香的凝玉在水波下滉漾。一幅秀色可餐的樣子。

我三兩口把一碗豆花吃完。老板看在眼裡，大概不捨得自己精心調製的豆花，顧客不懂品嚐，胡亂糟蹋。

老板看著我說：「真的要吃那麼快嗎？」

溫潤入口的白豆花。

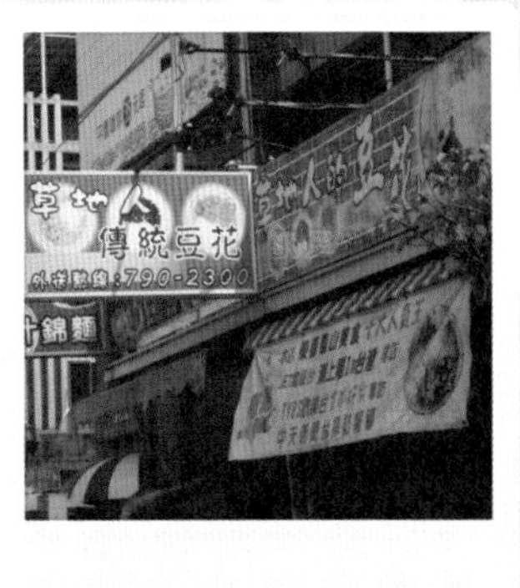

上圖：草地人豆花的招牌。
左圖：老闆小心翼翼淋上濃郁的糖水。

「好吃，才吃這麼快。」我為自己狼吞虎嚥吃相，有點不好意思。

「真的好吃嗎？」老板想要得到更多的讚賞。

「真的很好吃，是我長大以來，最好吃的豆花。」我誠懇的說。

由於年齡相近，我們談了很久，後來再去幾次就成了好朋友。

草地人名叫黃渺恩，世居台南，多年前到大陸開設塑膠製品工廠，不幸投資失敗，徘徊在東莞十字街頭，也遇到一位挑擔叫賣豆花的老人，每天夕陽西下就等著買一碗豆花解饞。有一天突發奇想何不甘脆回台灣賣豆花。

憑著和挑擔老人閒聊的一些知識，買來材料和器材開始研製豆花，就像開化學工廠一樣調製實驗，經過五十多次失敗，最後才研發成功他理想的豆花，隨後再物色鳳山鳳凌廣場店面開張。第二年就名列鳳山十大人氣小吃，並且引來媒體爭相採訪。

草地人說：相傳豆花是漢朝劉安所發明，劉安為久臥病榻的母親備餐，將黃豆漿與中醫藥方食用石膏混合而製成豆花，以便孱弱的母親服用。

草地人說：豆花大概可分為四大類型，第一類型即為上述黃豆漿加入石膏凝結而成。

紅豆豆花。

第二類型：黃豆漿加入鹽鹵凝固而成，不過質感太硬又太粗，並不可口。

第三類型：黃豆漿加入海菜粉（菜燕），成品也是硬硬的，菜菜脆脆沒什麼味道。現在我們吃到的豆花多為此種。只因為它製作容易，保存容易，成本較低。

第四類型：黃豆漿加入地瓜粉再加入少許的生礦。生礦是一種海水結晶，再經提煉後研磨成粉可得。其成品柔嫩，豆香四溢，溫潤入口。草地人所賣的豆花即是此類型。這種方法製作的豆花，口感最佳，只因為製作過程繁瑣，又不易保久，市面上少有製作這種豆花販賣。

說著說著草地人帶我到店後面製作工廠。我說：「你解說後又讓我看製作過程，不怕我把這套技術帶走。」草地人笑著說，談何容易。黃豆浸泡時間，豆漿煮沸時間，豆漿倒桶的時候和溫度以及傾倒的角度都很計較的，一定要遵照嚴格的

【歷史小檔案】

2008慶祝建城兩百二十週年，草地人豆花入選鳳山十大小吃美食。「食尚玩家」、「瀨上剛in台灣」、「港都電台」採訪報導。

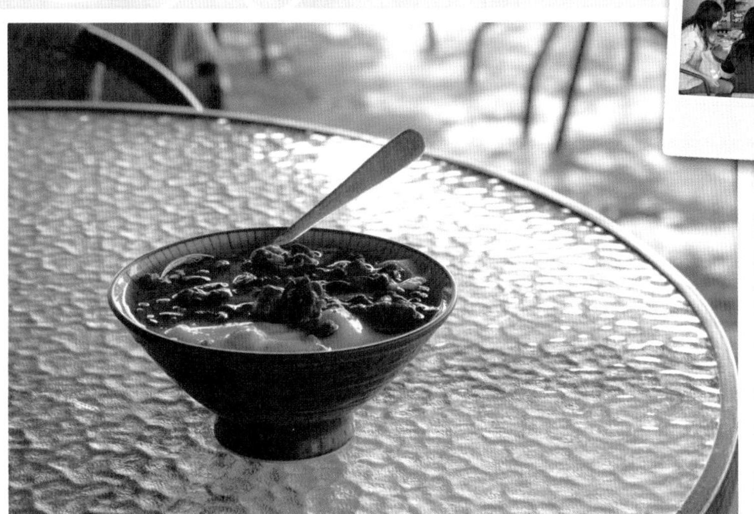

上圖：年輕朋友慕名而來。
左圖：紅豆豆花同樣料多味美。

公式進行。這一陣子忙不過來，請大哥來幫忙，在他監製之下，也是失敗多次之後，才達到要求的豆花。

草地人又說：他生產的豆花生性嬌嫩，不耐久置和遷動，出爐的豆花，如果四小時內沒賣完，就會開始氧化出水發酵，不堪食用。豆花更不耐移動，舟車搬遷，空氣滲入豆花內部，漸漸出水腐化，原味盡失。一般市面上所賣的豆花大都是用菜燕調製，硬度較高以利運送和存放，可是口味就差很多了。至此我才明白，為什麼有「豆花車倒擔，一碗兩角半」這句童謠。因為豆花沒當天賣完就全壞掉了，只好在收攤前把剩下的豆花，折價賣出。

行行出狀元，草地人大陸經商失敗，回到台灣研製豆花打出一片天地，誰不說他是「草地狀元」。

感謝草地人黃渺恩先生二次接受採訪，並訂正文中謬誤。

前鎮漁港風華

文 陌上塵

一九七五年春天，因為個人工作關係，從日本受訓返國之後就在港都高雄落地生根，「獨在他鄉為異客，日久他鄉變故鄉」早早我就將高雄當成自己的故鄉；而故鄉——苗栗早已變原鄉。

喜愛高雄或許是前世情緣；或許與來生有約？總之：落腳高雄成為我今生的宿命。

高雄，原來被譏諷為「文化沙漠」，在高雄的文人雅士聚在一起也常以「高雄沒文化氣息」調侃自己也揶揄高雄。然而，曾幾何時高雄從醜小鴨變成天鵝，如今展現在市民眼前的是亮眼的高雄；文化的高雄；海洋的高雄；親水的高雄。這是高雄市民共同努力的結果；也是高雄市民永遠的驕傲！

高雄許多著名景點早已聞名遐邇，經過蛻變後的高雄，已然將所有景點的美麗與真實呈現在來自各地遊客眼前，讓人們讚嘆的是：高雄——這隻天鵝，將展翅飛向浩瀚的大海和天空，人們昂首企盼他的飛翔為台灣帶來更大、更高遠的驕傲！

在眾多高雄景點中，請容我以這個章節介紹「前鎮漁港」：

作家小檔案

陌上塵 ｜ 本名劉振權，1952年生，台灣苗栗人。1975年定居高雄，從此他鄉為故鄉；故鄉早已變原鄉，對高雄，有濃烈的感情。1995年6月自當時的中船公司（現名台船）退休後即從事文字工作，已出版著作有：《思想起》、《夢魘九十九》、《造船廠手記》、《出局》、《菊姊》、《故鄉．永遠的懷念》、《長夜漫漫》、《陌上塵鄉土小說選集》、《陌上塵勞工小說選集》等書。

高雄市前鎮漁港風貌。

前鎮漁港位於高雄市前鎮區，係高雄港內港，其東、南、北側分別與港埠用地（即高雄港第一、二貨櫃中心）、工業區、學校、住宅區等相鄰，西側則瀕臨高雄港主航道。該港原係灘地，自一九六四年起，由高雄市政府投資興建，並於一九六七年間，經前農復會與台灣省政府補助，及高雄市政府、高雄區漁會與相關業者公會，籌資新台幣陸仟萬元興建。為因應漁船數量之增加及遠洋漁船大型化之演進，一九八六年，先就原有前鎮漁港防波堤內側水域開發闢建水深4.5公尺之碼頭，納入「第一期台灣地區漁港建設方案」，由中央及地方對等分擔新台幣壹億元共計貳億元，闢建水深7.5公尺，碼頭428公尺，填築新生地面積3.4公頃，可供3,000噸級以下漁船使用，並於一九八九年八月完工啟用。

高雄市政府乃再擬定計畫報奉農委會核定，另外該港西岸碼頭外側水域開發納入「第二期台灣地區漁港建設方案」，由中央與地方分別負擔新台幣壹億伍仟萬元，合計參億元，興建水深10.0公尺碼頭603.6公尺，填築新生地1.5公頃，可供5,000噸級以下漁船使用，並於一九九三年十一月完工啟用。為使港區公務船舶擁有專用碼頭與傳統之漁業漁船得以分區使用，行政院農委會籌資9,588萬元於一九九三年七月開工興建水深7.5公尺之碼頭180公尺，並於一九九四年七月完工使用。前鎮漁港興建迄今，港區鄰近漁業相關設施林立，並提供漁船卸魚、加油、加水、加冰及補給等各項服務。

該港陸上設施非常完善，給水設施計三十三處，加油設施十八處，加冰台五處。該港可供5,000噸以下漁船安全避風停靠，前鎮漁港以停泊鮪釣、魷釣及拖網等遠洋漁船為主，港區設施充分使用，但遇季節性漁期，漁船卸魚、補給十分擁擠，碼頭、泊地均不敷使用。

左圖：高雄市前鎮魚市場大門。
右圖：漁港碼頭佇立港口，等待豐收的漁船返航。

美式圍網船正起航前往遠洋作業。

此外，漁港區內漁業相關的公務、產業單位眾多，漁業大樓內高雄市政府漁業處，魷鮪魚公會、漁業團體設在其中，漁會大樓則有高雄區漁會、漁輪公會、各漁業公司。農委會漁業署遠洋漁業開發中心（二○○一年八月成立漁業署南部辦公室）、漁業廣播電台、水產試驗所高雄分所，行政院海岸巡防署海洋巡防局等單位均在港區之內。目前係台灣地區停泊漁船噸級最大，漁獲量最多之漁港，居台灣地區漁業龍頭地位。

位於高雄市前鎮區的前鎮漁港是高雄最大的漁港也是全國最大的漁業中心，由於緊鄰前鎮加工出口區，最繁華、熱鬧的年代曾是車水馬龍，遇到假日，更吸引無數遊客來此購買新鮮活跳的魚蝦海鮮，人們除了採買食材，也同時觀賞海岸風情，真是一舉數得，尤其，每逢夏日近晚時分，走在漁港路上享受鹹濕晚風，腥味難免，但也是一大滿足！

停靠在港邊的漁船遠洋近洋都有，它們靜靜地躺在大港的懷抱享受暫時的溫暖，有的在歲修；有的在歇息，養精蓄銳是為

漁船進行歲修，漁民們趁機養精蓄銳。

了走更長遠的路；為台灣漁業帶來更豐盈的收穫。因此，如果你有充裕的時間，不妨停下腳步，看看那些遠方遊子風塵僕僕打拚之後的英姿，或是船廠工人辛勤在船身上精心護理的風情，也是另類的旅遊饗宴。

前鎮漁港水域面積有312,500平方公尺，陸上面積320,000平方公尺，大約可停靠數十艘千噸級的遠洋漁船，大部分的遠洋漁船都在此卸貨，使得這裡的漁貨量相當的多元與豐富，天色剛亮漁船紛紛進港，此起彼落的吆喝聲，讓清晨的漁港熱絡了起來，有些漁貨都直接送往附近的加工廠加工處理，製成罐頭或冷凍，有些則送至市場的魚攤上販售。

而前鎮漁港內還有許多漁業機構，包括高雄市政府海洋局、農委會漁業署遠洋漁業開發中心、水試所高雄分所、交通部氣象測候站、臺灣區漁業廣播電臺及高雄區漁會漁業專用電台等，各漁業、漁民團體、漁業公司、漁業工會也都集中在高雄區漁會漁業大樓，而在漁業大樓的四樓設有水產陳列館和漁村文物館供遊客參觀，水產陳列館展示內容包括魚類的標本、魚類生態的展示，而漁村文物館展示漁船模型及早期漁村所使用的漁具及日常生活器具，遊客至此可直接購買最新鮮的漁貨，也可以讓您認識豐富的海洋水產資源以及早期漁村的生活型態。

總之；來前鎮漁港的遊客絕對不虛此行，尤其喜愛海鮮的饕客，更應該來此一遊，不管白晝與黑夜，前鎮漁港都會以熱情之姿歡迎您！日間，可以盡情享受漁港的熱情；當黑夜降臨，港口的夜晚又是另番風情。

上圖：鮮美的花枝漁獲。
下圖：天剛亮，魚市場忙碌的景況。

海洋人，眷村味

文 汪啟疆

海洋人──
海軍艦隊的戶籍地在左營軍港

海洋首都高雄，以人口腹地、港埠營運、資源貿易風俗人文與歷史蘊涵，形成台灣獨具的海洋城市；一艘艘現代化軍艦自高雄港駛出，藉由八五大樓、樓宇、碼頭的邈邁襯托，完整的將海洋生命綰結在土域意識與經濟性格的時空景觀裡。這份整體風貌，鑄建了高雄港，更沿柴山岸岬的輪廓峻線北屹延伸、緊繫住左營軍港。

左營，港埠血系中最陽剛象徵；是高雄最特殊的海神波斯頓鱗片烙印──海軍艦隊所在，三叉戟兵力標誌；到高雄來，忽略了左營，就對台灣海洋的氣概與能量，台灣海峽掌控，高雄航運交通線屏護，外貿加工榮景支撐，欠缺了認識，形成美中不足。左營，是日據時代大海軍南進基地，現今更是艦艇乘風破浪的起點和高雄的整體屏障。

來自海洋的鹹風被高雄港、左營港風向袋所承納了。蜿延的柴山拱衛著南方高雄，北端左營；雙胞胎孿生的劃隔了兩種繁忙貨櫃與艨艟巨艦的不同港埠。海以柴山崖岬波濤毗連它們。從柴山遠眺，任何在地人和觀光客都被兩者雄闊所震撼；向北延涉，柴山下的桃子園海灘比西子灣更美，

作家小檔案

汪啓疆 | 海軍退役軍官，婚後定居左營，熟悉眷村生活及海軍人文發展。

【座標小導遊】

左營軍港位於柴山（壽山）北端，後勁溪之南。港外眷村土地現已逐漸回收國有。

高雄的海洋與黃昏景致。

因屬軍區管制範疇而顯得幽靜安寧，但卻是登陸艦艇搶灘登陸作戰演訓區（柴山更曾是海軍陸戰隊海上涉陸攀岩特戰訓練基地，遺跡仍在）。左營軍港在這灘岸後方，嚴謹，肅穆，自重；如巨大貝殼長形直立在海圖經緯上。走在軍港任何碼頭，都會被軍艦所鎮懾，感受了海洋巨大吸納形成的歸屬。

這些海洋人，海洋軍人；總讓來訪者體悉到陽光停駐，身軀熾熱。迴瀾在港內外湧盪，靜泊的各型軍艦、巨纜，桅桿，旗索、口笛，透視時間所鼓漲的呼吸。左營港曾被這麼形容：如蜘蛛網的中心粘住台灣所有對外航線和藍色國土面積；遠駛南沙群島、關島、沖繩群島。——台灣海軍的航海血統，從高雄啓航，向世界投擲出撇纜水錘。

——別在海浪和年輕人的夢想之間擋路——

左營軍港對維護主權，經略海洋，作育英才，勳業堂堂有最深刻體認。海軍軍官學校，新兵訓練中心，都放在這兒；一個極清晰的概念如此教導這些海洋人：「台灣陸地面積三萬六千平方公里，擁有十七萬九千平方公里的海洋國土」，「一個對外商貿加工及資訊輸出的海洋國家，百分之九十七依賴海運，經濟生命線必由海軍保護。」這責任的發軔點就在高雄左營；左營軍港承負著愛、養成和擔當，綰結了國家安全，國家利益，和國家主權的國土守衛。

務必在高雄的地理風貌誌上、蒞臨左營。軍校路旁側軍區中海門，面對新建的世運國家體育場、體育培訓中心；你更可以在週六海軍官校開放時，進入觀察『培育第一等人才，建設第一等海軍』的教學環境與軍史館。同樣的，你也可在海軍艦隊參訪規劃時間或透過高雄市文化局協調，親臨左營港碼頭，登上軍艦，做長風萬浬的海洋之夢。

請來左營，在蓮池潭，洲仔濕地、美術

果貿社區圓環。

館、小巨蛋之外，領略軍人的海洋生命與環境。在左營軍港，找到迥異於高雄港的、台灣另一顆海洋心臟；自海錨栓扣的錨孔，感知台灣的起錨歌。

眷村味——舌頭把人的腸胃帶到眷村

左營是大陸移民群隨部隊轉進、海軍主基地奠建、眷村分駐、所形成的特色區塊。幾十年的人文與生活融合，眷村土地的回收，新社區拓展……眷村已逐漸變作台灣歷史名詞。隨同潮汐湧退，眷村文化不再存留。但是，舌頭總是記得各個美好味蕾所存放的口涎；眷村吃食的味道不因原有地址的泯失而成為記憶。

這些眷村美食口味竟擴散到左營各處。陳家鹹水鴨，自治鹹水嫩鴨，明德醬肉燒餅，中山堂蔥花油煎肉餅……都另立門戶；劉

家酸白菜火鍋及冠軍牛肉麵更轉擴到高雄市中華路去了。另一些則被吸納到四海一家、海光、桃子園中餐廳三個定位老招牌字號名下。

早餐是這些的眷村味最大宗裔，當左營最大的果貿眷村原地拆建為碧海新村，更因週邊翠華、翠峰新村，浪琴嶼大廈陸續高樓新砌，都近在南門（啓文門）古蹟旁和東門（鳳儀門）城垣側邊，形成了眷村味早餐總匯。真是人不分男女老幼，地不分東西南北；單是果貿圓環八、九棟弧形區走一圈就發現煎餃店、吳媽米粉羹、來來早餐、麵線碗粿、萊陽麵食、美紅豆漿、孟記早點……十來家早餐店，加上聶聖咖啡牛奶，小排檔，西式IT TASTES和路邊小攤的古早味，飯糰，肉粽……眼花撩亂之餘，唾液直掛，鼻翼賁張，人人尋味而至。

這些早餐都帶有濃厚演進的家鄉風味。盛名最具的來來豆漿店老闆娘自幼跟中山堂外北方老師傅學了一手好麵食，店裡最著名是鮮肉包子，獨特配料的鮮味，一口咬下宛若小籠包般濺出滾燙飽滿湯汁，麵皮充滿咬勁，配上一碗熱辣鹹豆漿、酥油條，蔥料自配吃得一頭汗，價錢不到五十元。

萊陽麵食則以多元類別：酸菜、豆角、梅干、蘿蔔、鮮肉各類包子，加上綠豆紅豆芋頭芝麻餅……蔥油餅，牛豬肉餡餅打熱行情。早餐必須花樣多，萊陽老闆娘娓娓細說從小在家庭口味中見學實作，憑了眷村人憨實性格，當先生軍中退休，小孩長大，因緣際會就開張幹活。東西樣式人人學得會，但憑手工、時間、火候、滋味，透不透勁，香酥脆燙到不到點，小生意，大工夫，老手藝，新鮮爽口，人面熱情。人的舌頭一個樣，吃過對味就跟著味道認定了地址，如果遷店，還會情意懇切的打探尋找。「我星期一休息。」她主婦面容充滿認真：「都是請來家庭老姐妹們幫忙，有一天休息顧家，做起事來會更有勁」，真是深諳經營理念和人性管理。

眷村的早餐店，幾乎青一色都是婦人在幫忙。男人到那兒去了？想必當年左營眷村，男人都起伏海洋戍守軍中，家裡交由妻子當家主事。指揮權在太太身上，丈夫回來猶若客旅，牝雞司晨，這現實有著悽涼又帶了溫婉。從獨戶小本經營，先循家鄉味，學著看著做著研發著，就發跡了。

上圖：黑糖饅頭。

右上圖：果貿社區裡的早餐店肉包子。

眷村味就是這般從貼補家計一步步發荏而起。她們比當慣軍人的男人們更耐勞，更親切，更勤快，更懂變化口味，她們早早讓榮民丈夫成為閒差管家。早半天做早餐生意，下半天顧家休息，這也算是生活特色，也使她們手揉的一切，有了家的溫情，媽媽的味道。

您到高雄來，務必起個清早，離開旅舍的早餐預備，到左營南門的果貿圓環嚐嚐眷村味。您會像電視上那些日本吃食達人，除發現高雄的美麗溫馨外，口齒舌喉更藉由眷村早餐濃郁美味的吞嚥，衷心讚嘆：霍伊西內！

上圖：左營眷村人家正在曬香腸。
右上圖：果貿社區一隅。

【歷史小檔案】

左營軍港為配合太平洋戰爭而堪造之軍港，以與台灣資源結合為日本海軍南進戰略基地。戰後為國民政府接收擴大營建，並建有十幾處眷村。

寂靜與喧囂
——在腦海和現實間奔跑

文 李友煌

年輕時，聽過呂昭炫的吉他曲〈楊柳〉後，心中的某個部份就長久的塌陷了。難以形容的感受，像讀蔣捷的〈虞美人〉，雨從此瀰天漫地，在人生每個從現實抬頭的時刻，即使短暫。

我試著去了解這種感受時，正跑在跨越翠華路的自行車道空中走廊上。奔騰的車流因為崇德路火車平交道的關係在這裡打了個小結，殷紅的車尾燈亮成一條璀璨長龍，迤邐腳下。天色開始暗了，今天出來得有點晚，幾隻夜鷺揮動大翅，緩慢朝洲仔濕地的方向飛去。臉上有濕濕的感覺，開始飄雨了……。

凡那比之後的蓮池潭，樹木扶正了，受創的環潭鋪面，拉起黃線，正重新施作中。我輕快的跳過矮牆，進入環潭綠帶，再一次調整呼吸、步伐，奔跑起來。習慣在週末、週日的黃昏來蓮池潭跑步，從住家沿著鐵道旁的狹長綠帶，經過翠華路自行車道天橋到蓮池潭，環潭兩圈後，再原路回家。這段路，過去是騎腳踏車的，但嫌運動量不足，無助於消減微凸的小腹，遂拿出久置鞋櫃積塵的慢跑鞋，展開我的跑步計畫。

作家小檔案

李友煌 | 一個喜歡讀書寫詩，個性疏陋的人。詩作家，現任高雄市教育局新聞秘書。出生於台南縣南化鄉中坑村，山村長大的孩子，從小就喜愛大自然；後來有機會慢慢接觸文學，又深深為其吸引，進而創作、研究，不可自拔。定居高雄市，喜愛這個有山有河有港的海洋城市。曾經賣過房子、做過社工員，記者生涯近二十載(台灣時報、民生報記者)，就讀國立成功大學台灣文學研究所博士班，著有《水上十行紙》、《異質的存在》等書。

【座標小導遊】

台灣文學前輩作家葉石濤（1925年11月1日－2008年12月11日），人稱葉老，其詩碑設於蓮池潭風景區高雄市文學步道，上書「臺灣作家必須開放心胸，開拓更大更多的臺灣時空，臺灣文學才有磅礴的氣勢，擠進世界文學的大門」。

環潭步道華燈初上時。

長長了的頭髮，在有規律的上下起伏中，棲於眉眼。沿岸栽植的楊柳，如茂盛的情感，遮蔽空明湖面；穿越低垂的楊柳枝條，再抬頭時，一彎眉月已淺淺的掛在天空，淡於雲色，像指甲上微小的白翳，風一吹就會散去。忽覺潭面喧囂，原來是環潭園燈一起亮了，光影倒映迷離。情人們挨擠著說話，聊天的聲音細如魚群浮水喁語，幾顆釣鉛被遠遠拋入水中，狗們拉著主人狺狺追逐，風擦肩而過，群樹偷偷的把腳伸進潭裡吸水。奔跑中，開啟所有感官，不斷捕捉；美麗的事物往往短暫，更需要明察。我告訴自己不要停留，比起天地，人生逆旅還不到兩棵比肩海檬果的距離，微弱的氣流連一片樹葉都無法擾動，過去的何必回頭。

慢跑挑戰的是自己的呼吸，剛開始時，呼吸之間氣息輕若棉絮，彷彿持撣撫除荒蕪的內裡。環潭一圈未盡，空氣已變硬，像鐵塊，重重磨擦鼻腔氣管與肺葉。重新找回路感並不容易，跟著我兩度玉山攻頂的越野鞋，雖然沉重仍準確的回傳道路狀況，並主動省略細枝末節。有這雙鞋與我一起，奔跑並不寂寞，但仍要設法忘掉它，因為如果每一步都感受到腳下的鞋子，意識便會停留在我在跑步這件事上，而無法享受跑步的樂趣。如同爬山時，有人堅持一定要選個漂亮的屁股，因為龐大的體力消耗、折磨，會讓人只能跟自己的心肺呼吸、腿肌鞋子搏鬥，風景就只剩下腳下的土以及一路緊跟的屁股。心有餘裕，則愉悅的風景可以減輕極限狀況下身體的痛苦，感謝蓮池潭。

第二次繞過紅柱黑瓦的孔廟時，空氣已招得出水來。葉老詩碑靜靜的立在雨豆樹下，所有葉片都合攏靜候。人潮逐漸散去，惟穿和服的街頭藝人夫婦仍不放棄地播放高分貝那卡西攬客，「卡莫脈（海鷗）～卡莫脈～卡莫脈嘛飛來……」。碑文無語，歌聲鼎沸，真有不知今夕何年之感。還好葉老向來好客，結廬鬧市，庶民為伴，應不以為忤。潭西寺廟林立，世俗的幸福隨香煙繚繞。神明靜默，人間霓虹閃爍，雨再也忍不住了，轟然暴跌——

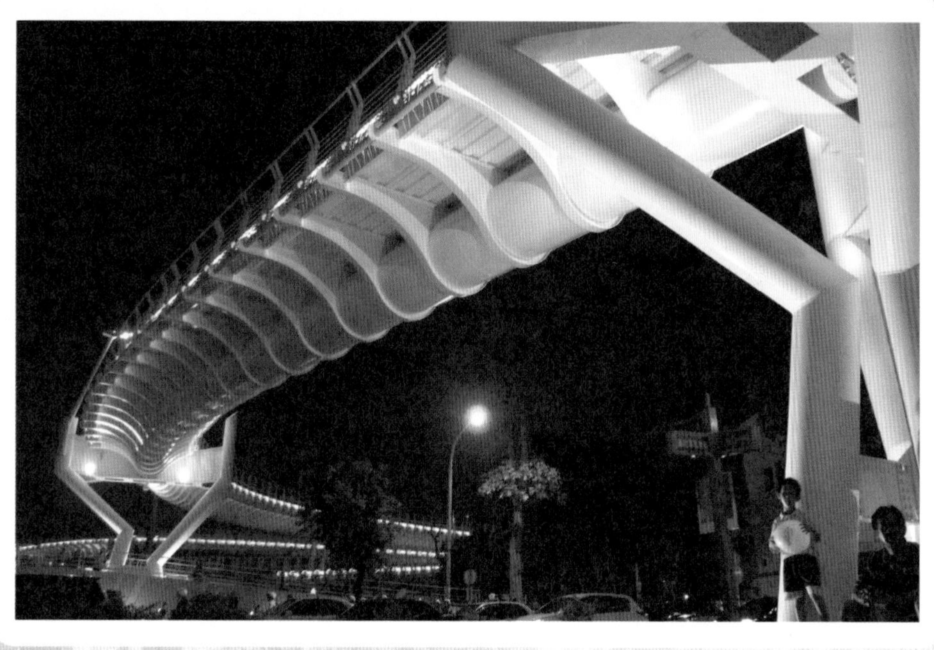
翠華路自行車道。

躲進一棵橡膠樹底下，寄望密厚的葉片可以擋雨。現實尚容廁身，時代的風雨無法躲逃，時局轟炸下集體的宿命，人有何去處？古城萬年，多少血肉埋身竹茨土石底下，歷史如身上分不清的汗水雨水，漫溢氾濫、充塞天地，誰都無法乾淨的置身事外。

雨透過密密匝匝的葉片點點滴滴淋濕我，避不了，索性在大雨中奔馳，像跑在瀑布裡，雨水洗淨汗水，把路人、狗和腳踏車都趕入涼亭趕回家，整條路整座潭都是我的。潭面水氣大盛，龍虎塔插在遙遠潭邊，龜蛇二山已渺無輪廓。雨幕中，一艘鴨子船正載著最後一批遊客，緩緩游過潭面。

結了疤的傷口，總在天氣變化時隱隱作痛。疤痕緊抓身體的某一個缺口，深怕記憶走漏，那苦楚經自身日積月累的分泌、滋潤、包裹、轉化，已沈澱如蜜、醇厚如酒、澄明如水。但它不會消失，總在音樂揚起、雨水落下時歸返，是裡頭有人敲動心房，把自己從迷失的外在世界重新找回。

上圖：鎮守。
左圖：雙塔掌燈。

跑步時，念頭總不斷翻騰，思緒紛至沓來。時代的、個人的，一幕幕走馬燈般閃現腦海，曲曲折折千迴百轉，如一條條伸入潭心的曲橋折道，看得到腳下、望不盡另一頭。重新回到清水宮前，伸向潭面的偌大木棧平台是我慣常歇腳喘息的地方，高大的清水祖師坐像已隱入半屏山，雨也歇了。體內的引擎進入怠速狀態，肌膚碰觸冰涼帶水的面潭欄杆，重新回到現實；而現實正被龐大的黑暗吞沒。

回程，仰望白色鋼骨凌空跨越的自行車天橋，嶙峋骨架節節榫接，聳立如巨型恐龍化石；在三色LED燈映照下散發幽光，燐色冷然，彷彿燃自骨質內裡，憑添魅惑。步行返經菱角田木棧道，濕透的衣褲慢慢吃掉體溫，下意識加快步伐。紅菱飽滿的沉睡水下，等待摘採；滿城黑板樹，一夜開齊了青白色粉撲狀小花，年年總趕在第一波寒流來襲前，以奇異的香味提醒大家冬天的腳步。人生處處有風景，但憑體悟。

蓮潭萬年祭。

入冬以來，因為選舉的關係，天空時常閃現不速之客，七零八落的煙火，欲說還休。生命不該是枚心急的煙火，天未暗就搶著綻放，因為得不到黑暗背景的襯托而失色。慢跑、馬拉松是長程調配的運動，精力得保留在最恰當的時機爆發；人生何嘗不是，頤精養神，全力以赴，把最燦爛的時刻獻給最黑暗、最需要的舞台。堅持到底，但求燃盡，但求盡興，一旦過了終點就不留戀，拉上拉鍊走人。

雨後天空，雜質盡掃的深黑中，月眉細得像一根針，牢牢別住世間所有思念。今夜，你在哪裡？是否共仰此月，「此生此夜不長好，明月明年何處看」，中秋已過，月針依然扎得人心疼流淚。比安靜還寂靜的一顆石頭啊！終究懸念天下所有有情人，可憐人間最是無情處，至今不肯殞落。

再望一眼，聽不見喧囂蛙聲，只見高樓迎我，以滿城燈火。

歷史小檔案

萬年縣為明鄭時期行政區，範圍北起新港溪（今鹽水溪）、蔦松溪，南到恆春，其縣治一說設於興隆里（今高雄左營），一說設在二層行（今台南仁德）。左營築城於1826年，即鳳山縣舊城，俗稱左營舊城，以與1853年另建之新城（於今鳳山市）區隔。台灣第一座中式城池即鳳山縣舊城，舊城由竹構、土築到石造，城起城傾，見証時代演進。今高雄市有「萬年祭」活動沿辦。

南方人文書房——御書房

文 曾貴海

不記得何時，也不記得誰邀約，第一次進去御書房已是二十多年前的事。二十多年來，御書房已成為許多高雄文化人和市民運動朋友們溫暖的家，成為尋找城市靈性的聚會所。

推開窄窄的書房小門，通常客人會驚嘆，好深喔！是有點深，空間深，情感深……，找到位置坐下來，心也跟著平靜的坐下來。

書房就在我家附近的和平路上，文化中心後面，高雄師範大學左側，談到書房，得先談到主人簡秀芽女士的成長背景，她從小在山上長大，孕育了人與人，以及人與自然的和諧共處的深刻體驗，那是實際經歷的深層價值觀，並在日後的經營模式裡自然而然的展現出來。

一九八四年六月，她開始構思開創御書房，那些夢想的藍圖，在腦子經三個月的醞釀才成形，因為無前例可尋，先生與朋友都勸她，高雄是文化沙漠，不要做曲高和寡的事，太冒險了！然而當時的她，心中隱藏著一股近似信仰的力量，如果高雄真的是沙漠，為什麼要停下腳步，讓大家沉陷沙漠，不向前去尋找綠洲呢？她當時就抱著七分盡人事三分聽天命的心情，並對自己說：人為的部分要盡最大的努力，其他就靠天命吧！

作家小檔案

曾貴海 | 1946年出生於屏東佳冬客家庄，胸腔內科專科醫師。現為鍾理和文教基金會董事長，笠詩社社長。創作多本詩集、文學文化評論及環保運動記實作品。曾獲吳濁流文學獎、賴和醫療服務獎及高雄市文藝貢獻獎，長年參與南方綠色運動及社會文化運動，現為詩人。

在御書房，經常可見來自山林的麥門冬與可營造好空氣的萬年青……等等。

卡車從故鄉運來了原木，父親幫忙取得河砂保護運送石灰結晶石，同時移植部分的植物，種植在御書房，經常可見來自山林的麥門冬與可營造好空氣的萬年青等等，營造人與山中靈氣有所聯結的空間，讓客人在城市裡感受到來自山林的清新，希望書房提供給人在視覺、聽覺、觸覺、嗅味覺方面都是好感受。當然，最重要的是安定的心覺。

在空間設計上，盡可能不裝潢，而以最簡單實用的裝修搭配骨董民藝品，收藏的藝術品直接擺在客人座位旁，走道旁有意無意的放著幾排書架，書架上擺了不少文學、文化、藝術與靈修的書。牆上不定期的舉辦藝術展覽，每個星期有插花老師來展現花藝為書房換上主題鮮花，期望書房的每一處角落含蓄的散發出人文藝術的氛圍。

在書房，常會有彼此認識的客人，她曾經遇過八桌客人彼此認識，不約而同在書房用餐，彼此招呼著。也有不少常客是定期在書房用餐，每天來的張先生已經十多年，遇有事不來時會跟工作人員請假，有更多的讀書會定期在書房討論，其中有定期上課近二十年的「了無居士紫薇斗數課程」、「牙醫師進修讀書會」，還有近十年的「林鳳珠老師的課」，以及許多藝文講座、人文與環境關懷團體在書房成立。讓不少人，為了使城市充滿文化氣息以及生活美學，在做夢後走出御書房，開始追夢，例如我和許多伙伴透過衛武營公園促進會所推動的公園運動、高屏溪保護運動和文學運動等等，大多是在御書房孵夢而成的。

許多藝文講座、人文與環境關懷團體在書房成立。

書房常態舉辦過無以計數的講座，關懷生命與環境。曾昭旭老師的課從開幕至今二十七年不曾斷過，也辦過許多生活藝術活動，如跳蚤市場或書房每年的週年慶晚會，讓在書房進出的朋友與工作人員能有不同的經歷，彼此激盪創造力，珍惜物資及人與人之間的友誼。

簡秀芽談到一次奇特的經驗，幾個朋友聚在御書房聊天，陸陸續續又走進來一些彼此認識的朋友，一位一位靠近我們加入聊天，小小的位置竟擠了十人，有人站著，有人坐著，大家興奮的彼此問好。許多老朋友十來年沒碰面，幾乎都有些改變，職場變了，身分變了……，忽然有人說：「只有一人沒變，就是簡姐。」，因為簡姐與書房沒變，大家才能又聚在一起。幸好，書房沒有改變，仍耐心等待著大家，迎接改變了的朋友，找回不變的聯結。

又有一次，兩位穿著制服的業務人員，為推銷電話節費而來，才一坐下來，其中一位先生即打消推銷的念頭，他說：今天我們不要談生意了！簡姊驚訝的問為什麼？

他說：「從前和女朋友經常在這裡約會，但後來結婚對象不是她，婚後想跟他有些友誼上的連絡，太太都不許，今天走進這裡看到你，我只想談心……」。另一位朋友說：「我和你一樣，但我放得下比較無牽掛。」。

曾有一陣子，書房的後園區每天下午會出現兩位男士，輕鬆悠閒的泡茶聊天，偶而，彼此會打個招呼，分享一杯茶，後來不見他們來了，經過後園，眼光搜尋不到他們喝茶的風景。有一天店長跟簡姊說：她在街上遇到其中一位先生，問他：「為何不來書房了？」他說：「我的朋友走了！那半年是為了陪他度過人生最後階段……，現在他走了，我也不喝茶了！」

在書房的意見表上，經常會看到許多感性的留言，在多變的城市裡，已經少有地方讓人們可以串起生命歷程的記憶，曾有記者譬喻書房為小型的民間文化中心，簡姊認為生活深化著生命的內涵，御書房是許多人在生活中得以喘息，安歇，並且補足心靈養份，激發慈善的心念，讓城市和大家活得更好的地方。

在食物方面，向來有一個原則，簡姊自己不吃的東西不會在店裡出現，發現的好東西也想跟書房朋友分享。餐，從最初的五種到現在有四十多種選擇，在四十多種飲食裡大約有一半是素食。大廚曾經對簡秀芽有所抱怨，他說：「你在書房推出的餐樣，大約可以開成五個店，台菜、異國風味、養生餐、素食、火鍋……。」書房和一般餐廳不一樣，經營的是空間，這空間裡需要的不只是一種風味的食物。有人愛喝茶、有人愛喝咖啡，為了滿足來到書房的人，書房所提供的飲食就越來越多樣了！就像家裡有朋友來，大家會煮朋友愛吃的東西或分享自己所愛的東西一樣，這些食物，都要符合自己的標準。

二十七年來，御書房所有的堅持都是為了讓來到書房的朋友能得滿足，常客長期的支持是書房向前走的動力。御書房六歲時，有一位記者朋友臨走前對簡秀芽說：「你不能倦怠喔！未來我要帶我的孩子來這裡，讓他們知道老爸年輕時喜歡來的地方」。從此，書房總是多情的開門，歡迎老朋友與新朋友的光臨，現在有好幾位常客幾乎天天到來，若遇有事不能來還會事

書房和一般餐廳不一樣，經營的是空間。

先「請假」，想著這些溫馨的事，她不自覺的嘴角上揚。

御書房幾乎可以說是高雄市的歷史文化建築了，一百餘坪的空間，儲存了許許多多文化藝術界朋友們的生命歷程，有些記憶被書房偷偷的藏了起來，某一天，那些記憶又被喚醒，正如一些朋友們想讓這個城市更能感動人，更富有感情和靈性的夢想，在這裡重新燃起希望的火苗。

抬頭想著遠處的朋友們，交換著聽不清楚的口語，或許他們正在分享平凡生活中的酸甜苦澀，也可能談著讓這個城市更生動美麗的構思與行動，在這間屬於他們心靈中共同的家。

孕育台灣詩文的港灣

文 張德本

高雄港不僅吞吐台灣的進出口，高雄海灣的海洋性，也一直孕育著台灣的詩文。清代高雄的采風詩〈鳳山竹枝詞〉，乾隆十五年（西元一七五〇年）高雄舉人卓肇昌任官揀選知縣，二十八年參與編修《鳳山縣志》，與其父卓夢采都是著名詩人，卓肇昌著有〈鳳山八景〉、〈鼓山八景〉、〈龜山八景〉，其他舉凡〈打狗八景〉、〈楠梓八景〉、〈旗山八景〉、都是文人對高雄區域山光水色、民俗、風物、景致的描述。例如〈鼓山八景〉包含（一）秀峰插漢、（二）石佛凌波、（三）雞嶼夜帆、（四）斜灣樵唱、（五）元亨寺鐘、（六）石塔垂綸、（七）旗濱漁火、（八）龍井甘泉。根據《鳳山縣采訪冊》、《重修鳳山縣志》、《台灣竹枝詞選》等書，收錄了卓肇昌、謝苹香、王鐘秋、吳士俊、周揚理、林靜觀、林東昇、王養介、盧德嘉等人的竹枝詞。這些采風寫景詩都是清代高雄區域詩作鮮明的特色。

作家小檔案

張德本 ｜ 高雄人，筆名無葉、木能。曾任高中教師，國藝會文學、視聽藝術類評審，文學營講師，高雄市電影館企劃影評。著詩集《未來的花園》、《在時光中》、《沙漏的眼神》、《泅是咱的活海》等十餘種。2010年完成兩千五百行台灣語史詩《累世之靶》。

【座標小導遊】

高雄港灣所孕育的高雄文學，目前是南國捍衛台灣文學主體的重鎮之一

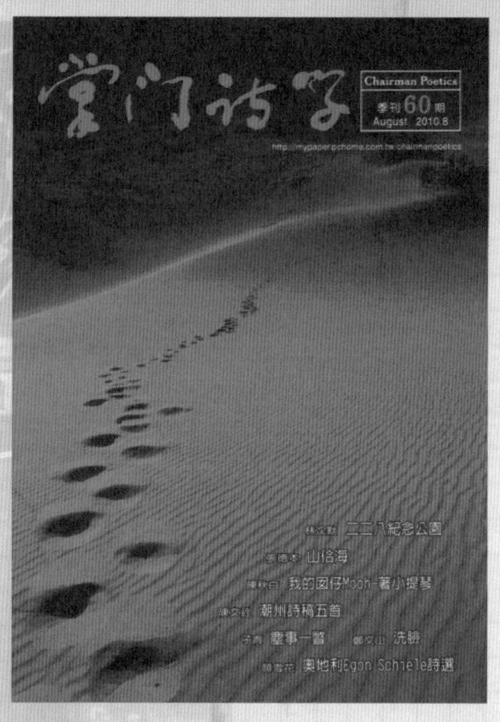

1979年創刊於高雄的「掌門詩學」書影。

日據時期高雄古典漢詩社根據廖一瑾著《台灣詩史》羅列有：鳳岡吟社（1911．鳳山）、旗津吟社（1920）、蓮社（1922）、鼓山吟社（1922）、三友吟會（1923．旗津吟社與東港研社、屏東礪社共組）、萍香吟社（1924）、苓洲吟社（1926）、旗峰吟社（1929．旗山）、鳳毛吟社（1930．紅毛港與大林蒲）、壽峰吟社（1932）、高崗吟社（1933）、屏嵐吟社（1933．左營）、壽社（1934）、瀨南吟社（1934）、雄洲吟社（1934．鼓山）、藏修吟會（1936．鳳山）、在山吟社（1941）、高雄市吟會（1941）、鯤社（1941）、岡山吟社（1942）、鵬社（1942．左營）、美友吟社（1942．美濃）等，其中陳梅峰集門下女弟子蔡旨禪、蔡月華等所創立的「蓮社」更是台灣第一個女性詩社。而有「三臺才女」、「台灣第一閨秀詩人」美譽的黃金川所著《金川詩草》，文采可觀。

一九二七年出身楠梓的鄭坤五創《台灣藝苑》，舉凡文學與非文學，文言與白話、台語與華文、長篇說部連載與短作小品，兼容並蓄，可說是個人獨撐全局。在這部雜誌中，鄭坤五最有意義的貢獻在於「台灣國風」的提出與數量相當可觀的台語書寫作品，這使他在台灣文學史，特別是台語文學史上具有先行的地位。

一九三〇年出身高雄鳥松的黃石輝在《伍人報》發表〈怎樣不提倡鄉土文學〉主張：「你是台灣人。你頭戴台灣天，腳踏

台灣地，眼睛所看的是台灣的狀況，耳孔所聽見的是台灣的消息，時間所歷的亦是台灣的經驗，嘴裡所說的亦是台灣的語言，所以你的那枝如椽（thoan5）的健筆，生花的彩筆，亦應該去寫台灣的文學了。用台灣話做文，用台灣話做詩，用台灣話做小說，用台灣話做歌謠，描寫台灣的事物。台灣是一個別有天地，在政治的關係上，不能用中國話支配，在民族的關係上，不能用日本的普通話來支配，所以主張適應台灣的實際生活，建設台灣獨立的文化。」之後引起歷時三年半的台灣鄉土文學論戰。台灣文學主體性的建構在論戰中確立。聲援黃石輝最力的作家之一就是鄭坤五。

楊逵一九二七年因參加朝鮮人的集會被捕，中輟在日就學，應農民組合邀請來鳳山出任幹部，結識旗後女子葉陶，成為高雄女婿，一度在內惟拾柴販售為生，成名作〈送報伕〉，就是困居高雄時期所寫。

1991年創刊於高雄的「文學台灣」書影。

創刊五週年的台語文學季刊「台文戰線」編輯部在高雄。

創盟主要成員活躍於高雄的「台灣文學藝術獨立聯盟」

左營葉石濤一九八〇年代首撰《台灣文學史綱》，引領鄭炯明、陳坤崙等人創立《文學界》，一九九〇年代創立《文學台灣》迄今近三十年，為建構台灣文學的主體性不遺餘力。陳坤崙所經營的「春暉出版社」與曾出現在高雄的「大業書店」、「三信出版社」、「大舞台書苑」，皆是專門出版台灣文學作品的重要據點。

《掌門詩學》創刊歷三十年，近來社長陳秋白主編致力推廣台灣母語詩，成果斐然。推動實踐台語文學書寫的《台文戰線》成立迄今五週年，由台文作家胡長松主編，社址也在高雄。

在網路建構「台灣文學獨立聯盟」的主要成員張德本、陳秋白、胡長松、凃妙沂、小城綾子，大都活躍於高雄，藝評家顏雪花加入後易名為「台灣文學藝術獨立聯盟」，二〇一〇年該聯盟編輯《火煉的水晶》是台灣第一本有關「二二八事件」的台語文學選。

新成立以台文作家為主體的「台文筆會」，發行台、英文對照的《台文筆會年刊》引領台語文學進軍國際，並在高雄文學館推出系列台語文學講座，該會也設址高雄。高雄可說是台灣文學主體發展的大本營。

近年來高雄率先台灣各縣市成立「高雄文學館」，典藏市籍作家著作、照片、手稿，並定期安排駐館作家講座，呈現城市多元的精神面，這些台灣創舉可說一掃過去高雄是文化沙漠辱名之恥，目前「高雄文學館」仍隸屬於圖書館，若能調整法制獨立運作，提昇行政位階與美術館、史博館等齊，將是縣市合併後大高雄的美好願景。

高雄港口的進出吞吐，生發台灣文藝的美果，國境之南，河港山海母親的懷抱，早已涵蘊密佈交織的文學航道，足以牽引每一艘文學好奇的船舶來巡航。

《火煉的水晶》是台灣第一本紀念二二八事件台語文選，由創盟於高雄的「台灣文學藝術獨立聯盟」編印。

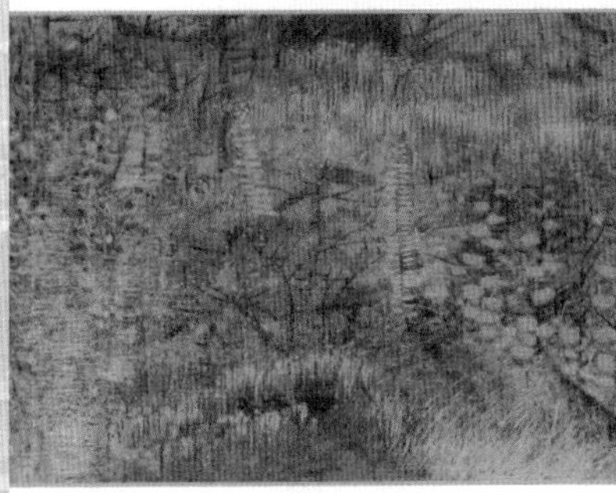

The Initial Issue
Oct. 2010
Contemporary Taiwanese Literature
當代台語文學
台文筆會 編印

設址高雄的「台文筆會」，發行台、英文對照的《台文筆會年刊》，引領台語文學進軍國際。

【歷史小檔案】

1563年（明嘉靖42年）林道乾自澎湖入台據打狗，此事蹟開啟高雄民間歷史口述傳說文學的濫觴，馬卡道平埔人正式登上高雄文學的現場。

熱情海味

文 凌煙

台灣雖小，南北兩大城市的風土民情便有很大差異，一般普遍的認知常有台北人淡漠、虛矯，南部人熱誠、樸實的評語；我對台北的生活型態所知甚少，但過慣高雄山邊郊野悠閑自在的日子，實在無法適應台北城那種緊張快速的步調，每當有事上台北，總有歸心似箭的感覺。

先生在台北的學生與友人曾招待我們去吃頗為高貴的日本料理，因為用料新鮮、擺盤裝飾精緻，所以價格也貴得嚇人；也曾去過裝潢高級古典的法國餐廳，每一道菜上來都是盤子大大，食物份量少少，東一點、西一點，拼拼湊湊就像一幅美麗的圖片，令人進餐時不優雅也難，對先生那種粗線條的人簡直是一種磨難。還有一次在一家刻意營造出田園氣氛的咖啡、簡餐吃飯聊天，陣陣蛙鳴不絕於耳，那一陣子在我們居住的農場裡，本土青蛙與牛蛙競相開起仲夏之夜演唱會，早就擾得我們耳根不得清靜，沒想到來台北竟然還是躲不過，先生終於忍不住對他的弟子說：「可以請服務生去換一下唱片嗎？」

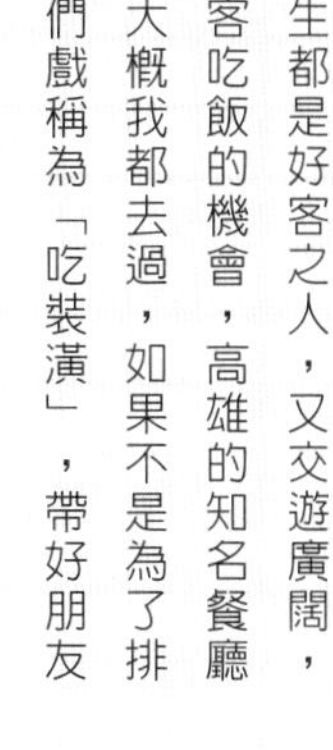

我與先生都是好客之人，又交遊廣闊，常有宴客吃飯的機會，高雄的知名餐廳或飯店大概我都去過，如果不是為了排場，我們戲稱為「吃裝潢」，帶好朋友

作家小檔案

凌煙｜小說家，本名莊淑貞。1965年出生於嘉義東石，曾獲1990年自立晚報百萬元長篇小說獎及第十二屆高雄市文藝獎，2007年《竹雞與阿秋》獲打狗文學獎長篇小說首獎。著有小說《泡沫情人》、《蓮花化身》、《養蘭女》、《柴頭新娘》、《失聲畫眉》、《扮裝畫眉》及散文《幸福田園》。

上圖：中州渡輪站。

右圖：金聖春海產店。

吃飯我們寧可選擇樸實無華的小店，或自己直接採買下廚，在自家農場裡享受無拘無束大聲暢談的田園盛宴。論廚藝我給自己打八十分，雖無專業級技術，對於食材的選購卻很「高明」。蝦子只買活的，魚是附近鳳鼻頭港漁夫駕膠筏出海放綾網現抓回來的，想吃牛肉就去三民市場買現宰黃牛肉，想吃雞就去鹽埕市場買真正放山飼養的土雞，肉質格外香Q甜美，水果我只向熟識的小販買，品質不好的他們不敢賣給我這個好客人，唯有螃蟹我是沒輒的，即使不停的在盆裡爬來爬走我也不敢買，雖然俗語說「七蟳、八虫市、九毛蟹」有季節性可供參考，但紅蟳沒飽仁與處女蟳無膏，買到是很掃興的事，不如去口碑佳的海產店去吃。

在高雄若要吃海產，很多人都會想到旗津，近年來的觀光風潮讓旗津渡船頭發展出一條海產街，假日時人潮川流不息。早年旗津只有一個海水浴場可玩時，我叔叔曾有不愉快的用餐經驗，明明現挑一隻生猛健壯的紅蟳，端出來的明顯小了些又缺掉一隻螯，點了一份燙小卷結果卻勾芡，抗議後端進去說要重換，明眼人一看即知只是洗掉芡汁而已，連鮮魚都可能被掉包，也許是當年生意沒那麼興盛，店家為了節省成本不得不暗中動手腳，而我叔叔卻是頗懂料理的內行人，當然吃得一肚子火，如今海產街生意紅火，店家進出漁貨速度快，自然能維持新鮮品質。

每當有外地朋友來訪，我最愛招待他們去旗津吃海產，說是旗津，正確說來我們去的地方應該說是中洲渡船場，就在輪渡站前有家「金聖春活海產」，我常自豪的介紹說這家店是「巷仔內的人」在吃的，幾個大水族箱擺在店門口，龍蝦、海鰻、石斑、紅鮒養在玻璃缸裡待價而沽，底下是一排長型水池，不斷曝氣流動的水裡有各種活海產全部現撈，看是要炒海瓜子、

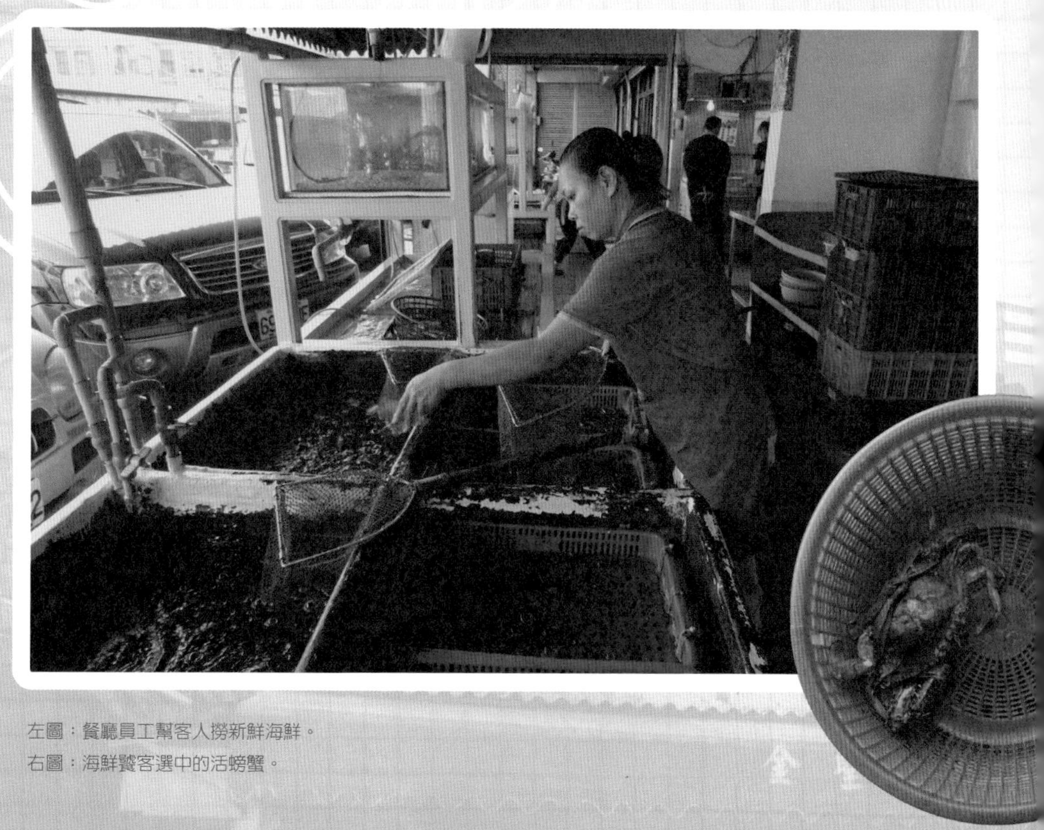

左圖：餐廳員工幫客人撈新鮮海鮮。
右圖：海鮮饕客選中的活螃蟹。

蒜頭蒸文蛤、胡椒風螺、五味九孔、燙活蝦、處女蟳、花虫市 或三目仔、倒退嚕、蝦蛄應有盡有，冰箱上還有各色海魚與海產料理可選擇，即使所點的海產價位稍高，絕對都比市區的餐廳、飯店便宜很多，沒有繁複的做工與調味，吃的就是新鮮。

在這裡請客吃飯我可以放心點菜，多少人撈多少份量店家會替客人斟酌，有一次去工作人員特別推薦一條稀有的海魚，我說要煮湯，菜單送去老闆娘那裡，她立刻出來說那條魚只適合鹽烤，拿來煮湯是「歹吃貴」，讓我對這家店刮目相看，相同經營型態的海產店比比皆是，卻不見得都能站在顧客的立場貼心設想，老闆娘平時坐鎮櫃台，後方窗口緊鄰廚房，看似雜亂無章的用餐環境，其實從料理的烹調到出菜的速度，一切都掌控得井然有序，沒什麼裝潢的「金聖春活海產」能屹立中洲渡船場近四十年，自有其成功之道。

據老闆娘孫小姐說四十年前店的所在位置是一片蚵棚，後來設輪渡站後才填平成一塊地，她的公婆早先只是開麵攤，因為漁市就在旁邊，見人買賣活蘆蝦，靈機一動便蓄了個水池養蘆蝦現撈現燙，創旗津地區現撈海產經營先例，逐步發展成海產專賣店規模。

印象中早在二十多年前先生還在做工程時便曾去過金聖春吃海產，那時工地就在二十五少女墓旁，對墓碑上正值青春年華的少女照片感觸很深，她們遇船難溺水逝世大約與我差不多年紀，為各自的家庭與台灣經濟起飛日日到加工區打拼，卻在如花盛開的年紀凋零，讓當時有些敏感叛逆的我，心裡湧起人生無常的傷感悲涼。與先生的感情婚姻在不被看好的情形下，一路走來嚐遍人生酸甜苦辣，幸好如倒吃甘蔗越來越甜美，也才有閑情逸致四處品嚐美食。

我會特別鍾愛帶朋友去金聖春吃海產，大概與我熱情豪爽的個性有關，看著一缸缸鮮活生猛的海產，吆喝朋友要吃什麼立刻現撈，店裡店外人聲鼎沸，更加能表現出南部人待客的熱誠。飲食文化可以優雅，也可以粗獷，高雄是海洋之都，漁產特別豐富，台北人到高雄來觀光，一定要去體驗一下現撈海產的鮮甜滋味。

每當秋季來臨，媒體就開始報導吃大閘蟹，那會比雙殼處女蟳好吃嗎？不會挑螃蟹的我，只在金聖春吃蟹，端出來隻隻蟹膏飽滿至雙殼境界，季節不對時，店家也會明言，上次去的時候已入冬，聰明的老闆娘聽我問有雙殼的嗎？她回答說這個季節較無膏，但她建議可以焢糜，果然吃得賓主盡歡，結賬時我大力讚賞，老闆娘卻一再聲明如果客人多時就無法做這麼費工的料理，欸，老闆娘，看在我寫這篇文章推崇貴店的份上，再忙也要勉為其難替我做吧？

炒海瓜子

炒蝦子

上圖：金聖春海產店餐廳一角。

右圖：金聖春海產店食材以新鮮活海鮮聞名，店內海鮮食材皆是現撈。

炒蔭豉蚵

別有洞天的勝地——側寫「謝佳樺之工作室」和「臻融美術館」

文　鍾順文

石
頭
是大地
長出的思想
詩是心長出的石
頭拾起心頭的石子堆
疊在人生的隘口跳動天地

在西藏的路口，或是神聖之地，常常會看到一些刻有經文的石堆，這就是瑪尼石堆。一顆石頭，是一次虔誠的祈禱，一遍遍經文的唸誦，是信徒路過時自然的發心，因此，瑪尼石堆便日漸地增高，增多。

在女詩人謝佳樺的眼裡，詩變成了她心中的瑪尼石，蘊藏著對生命的膜拜與發心，自然充滿了能量，當她拿詩的瑪尼石堆疊在人生的隘口，這日益增長的「詩的瑪尼石堆」不僅在天地間自在地跳動著，更跳動著天地。

謝佳樺有很多詩作是用圖像處理的，用各種可能的形式，去詮釋她的創作理念、去呈現她的觀念藝術、去落實她的生活……而這首〈詩的瑪尼石堆〉是她寫西藏詩畫系列「詩曼陀羅」的圖像詩之一。她擅於將日常的感動，將生命中的體悟，將西藏的種種經驗……轉化成一首一首詩，轉化成一件一件藝術作品。一次一次的心靈際會，變成一個一個生活曼陀羅，一會一會因緣的隨順圓滿……。

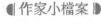

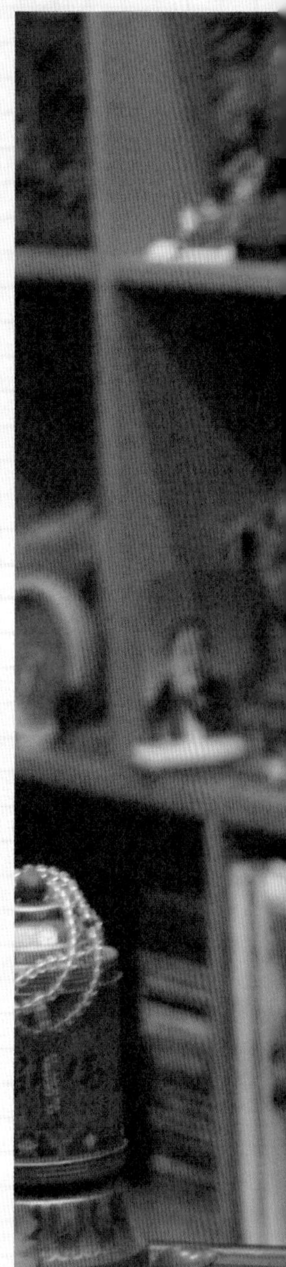

右圖：謝佳樺除了及地長髮引人注目外，全身配戴老天珠、蜜臘、翠玉及沉香等稀有收藏品，幾十串從頭部到雙手，別具一格。

作家小檔案

鍾順文｜ 1952年生於印尼雅加達，專司寫作。現任臻融美術館藝術總監、中山大學及高雄師範大學詩社指導老師。作品譯成英、日、韓文出版，並經常入選海內外選集。著有詩集：《六點三十六分》、《放一把椅子》、《頭髮和詩》、《刺青的時間》、《空無問答》、《鍾順文短詩選》、《愛的進行式》。散文集：《舞衣》、《H大調》、《浪漫高雄》。

她將生命的熱情、創作的心思運用在現實生活中。而一頭及地的長髮一開始是無暇多理會，久了就長了，後來發現留長髮也是一種修行，沒有想到竟然被排入「長髮世界」，排進中國的長髮排行榜，竟成了台灣頭髮最長的詩人。長年一襲素色棉質衣著，或純樸手染衣飾的原始裝扮，似乎像是錯置時空的旅人，以現代的眼光看來，她其實是一位內外都深具特色的藝術家、音樂家、詩人，而今，她將多元的理念落實在實務的經營——開店了，而且一開就是二十幾個年頭了。

一物一物的古文明印記磕磕天降石天鐵，一幅一幅寓意深遠的美術唐卡，一尊一尊示現世間的莊嚴佛像，一顆一顆穿越時空千年的西藏老天珠，一串一串一百零八顆老蜜臘、玉石、珊瑚、沉香……各種材質的念珠……，多年來，她踏遍西藏、尼泊爾、不丹、錫金、印度等喜瑪拉雅山脈古文明國度，尋尋覓覓古文物；多年來，累世因緣等著她的古文物，成就了「臻融美術館」於民國八十八年誕生。而於民國六十四年即存在的「謝佳樺之工作室」，也從原先的古典音樂教室延伸為古董文物收藏展示。

「謝佳樺之工作室」與「臻融美術館」位於高雄市新興區仁愛二街上，座落在市中心的五福二路、民生一路之間，鬧中取靜，是國內極少數極專業的「西藏古文物」收藏展示空間。並設有鋼琴、古典吉他、二胡、書法、現代詩創作等藝文課程。舉辦過老天珠、天鐵等西藏古文物展、國內首次的西藏水晶、黃金唐卡展、西藏行腳攝影展、觀念創意現代詩展……，配合高雄市美術館活動，由范我存老師（余光中夫人）主講的「藝術送到家」演講，詩社詩獎、作品討論等活動無數。

在「西藏熱」的潮流下，國際間為東方神秘的國度，最高海拔，最接近天空的西藏而瘋狂，炙熱全球。為之熱絡的情形，台灣也不例外，全省虔誠信仰藏傳佛教的信眾與日俱增，狂熱日盛。市面上西藏現代文物自是因應而生，然而，具久遠年代古老的文物如老唐卡、老佛像、天鐵、天

這幅唐卡為謝佳樺在印度「達蘭莎拉」時訂畫的。中央為表慈悲的千手千眼觀世音菩薩立姿，其右下方為表智慧的文殊菩薩，左下方為可轉貪、瞋、癡、慢、疑等五毒成五佛五智的密集金剛。中間下方有達賴喇嘛的親手簽名。

西藏唐卡（Thang- Ka）在藏語中是指一種卷軸掛畫。材質不論是用紙或用布，筆繪或刺繡、緙絲或織錦、貼布堆拼或者印刷。內容不論是宗教類或民族類的平面藝術，都能稱為唐卡。通常用緞布裝裱，以貫軸捲起來收藏或舒展開來懸掛。

「臻融美術館」館藏的御用黃金普巴杵，高118公分，杵身鑲滿紅寶石、藍寶石、祖母綠、珍珠、水晶、鑽石等，屬極為難得的珍品。
普巴杵為三菱前尖的佛教降魔法器，頭部有三面，右面白色，文殊菩薩的憤怒相——大威德金剛，為諸佛身的代表。左面紅色，觀音菩薩的憤怒相——馬頭明王，為諸佛語的代表。中間藍色，大勢至菩薩的憤怒相——金剛手，為諸佛意的代表。

珠……是極其難得的。在充斥著贗品，在魚目混珠，真假不分、新舊混亂的現象下，謝佳樺以收藏家專業的嚴謹態度，以文人藝術家俗不可侵的骨氣，以虔誠佛教徒的菩提發心，戰戰兢兢地護持著「謝佳樺之工作室」與「臻融美術館」，蔚為口碑。

以高雄文化中心為起點，沿著五福二路，由東往西走，過民權路、復興路，看見仁愛二街就向右轉進入仁愛二街，即見偌大的招牌屹立街中央，大招牌「謝佳樺之工作室」是謝佳樺親手毛筆字，上繪藏文「六字大明咒」觀世音菩薩的慈悲心咒，希望利益路過的有情眾生；兩隻拙氣可愛小手，是表示把玩、收藏的經營項目，電話號碼則畫上老式的電話造型。

底下的一個小招牌則用西藏老天珠排出「天珠」的中文與藏文字樣，借西藏老天珠具福報、圓滿的意義，與文字線條的美感作佈施結緣，極具創意，非常特殊。常常吸引路過行人的眼光，甚至，多次有美工科系學生與好奇的人，入內詢問、參觀，並以：招牌如此特殊，名片必定不俗為由，索取名片，以當作業、設計的參考資料。

門口兩盞轉動六字大明咒的燈，其實是謝佳樺改裝設計的。她將一組古典造型的一般美容院的三色轉燈，從反轉改為順時鐘正轉，再換上紫色底紙，貼上金黃色藏文咒語，線條放光般轉動，變成了全世界獨有的一對「電動轉經輪燈」，每天在「謝佳樺之工作室」門口放光，轉經……許多師父、仁波切讚不絕口，紛紛說要下訂單……因為她的這個創意構想，教友人在中國大陸研發出各式各樣西藏圖騰的美術燈，有吊燈、掛燈、崁燈……更延伸出回族的關注，復開發回族文字、圖騰的美術燈……她不求這之中帶來的商業利益，只說：世界各地因此點著「吉祥光明燈」……。

門前擺放一個舊石臼養著一池禪意，每天盛開紫色蓮花，釣我世俗的詩意盎然，為此寫了好幾首詩……謝佳樺則把旁邊的地面當畫布，用白水晶、紫水晶當顏料。崁在地面上的吉他歪著頭，是沉思？還是，發呆的吉他，望著，長出眼睛的八分音符，撐著腰的吉他，瑞獸的尾巴拌成高音譜記號，ㄣ字不忘藏身其中……這些似乎隨興般自動就位、造型的線條，是她即興就地自由發揮「玩」出來的，自然創意地美化環境。除了路過的行人常投以驚喜，時而也吸引鄰近的小孩前來挖寶，喜孜孜地摳著地面的水晶。

入口門邊極其特殊的咒語牆，是詩人謝佳樺用天然黃、白、紫水晶，橄欖石、紅玉髓等寶石如畫般黏出文殊菩薩、四臂觀音、金剛手菩薩的咒語牆，象徵智慧、慈悲、力量的藏文咒語，代表著智、仁、勇三族尊立於入口處，希望利益路過與來此結緣的有情。下半部則用白水晶的雪白黏出雪域的潔淨，橄欖石長出群山，紅玉髓開著蓮花、長壽寶瓶，黃水晶舞出形形色色的如意雲，紫水晶波濤著吉祥浪。

入口的玻璃門上彩繪著「時輪金剛」，時輪即是時間之輪。輪迴為痛苦之根，衆生輪迴於六道，故諸佛示說無數解脫法門，以度脫衆生出離輪迴……修持此法，能促進和平安寧。風調雨順，五穀豐收，國泰民安……可見，處處能會謝佳樺的微細、發心，處處可見她不可思議的靈感與創意。

悅耳的風鈴聲推開門，猶如推開異次元的時光隧道，時間變慢，迎面撲鼻的香氣，充滿能量，室內空氣中滿佈著西藏甘露香，低沉念誦的梵音，風聲水聲鳥鳴聲，空靈幽谷的簫笙，遼闊遠颺的吟唱……小

沉香原木天然形成一隻大鳥的形狀，上立雕刻的觀世音菩薩，即成菩薩的坐騎，巧妙地結合成沉香佛像擺件極品。

西藏水晶在國內這是首見，也是僅有的。詩人謝佳樺收藏大大小小、形狀不一的西藏水晶，這是最大的，重達400多公斤的水晶在一般的產地已是難得，對於西藏史上來說，實屬罕見。

小的空間，猶如不見底的山洞巖身……延伸……時間變慢……。

甘甜、清涼的越南沉香從電香爐的溫度緩緩釋出……淨定的馨郁……香氣穿梭在西藏堪布深情虔誠的祈請唱誦……穿梭在天珠、天鐵從天而降，神奇事蹟的傳頌……穿梭在普巴杵的矗立，穿梭在古老佛像的歷史，穿梭在唐卡的曼達拉，穿梭在一簇一簇的水晶洞，穿梭在一條一條108顆念珠，穿梭在主客之間的歡喜分享……隨緣佈施的發心……。

隨處發現驚喜，隨處可見謝佳樺生活點滴的用心，期許……就像她為「臻融美術館」寫下的兩行對子

「咬文嚼字觀音聞畫吃禪趣」
「彈詩聽石品香煮夢自如來」

就像另一首「詩曼陀羅」系列的〈夢的風馬旗〉

夢是一張風馬旗
翻過每一座生命的山口
風到哪裡
夢就在那裡

冀望在喧鬧速食的現代都會中，轉個彎，發現「詩洞」，期會生命曼陀羅，洞悉價值。

鍾昀融與媽媽謝佳樺兩位詩人於詩人開的店「謝佳樺之工作室」門口，歡迎您！

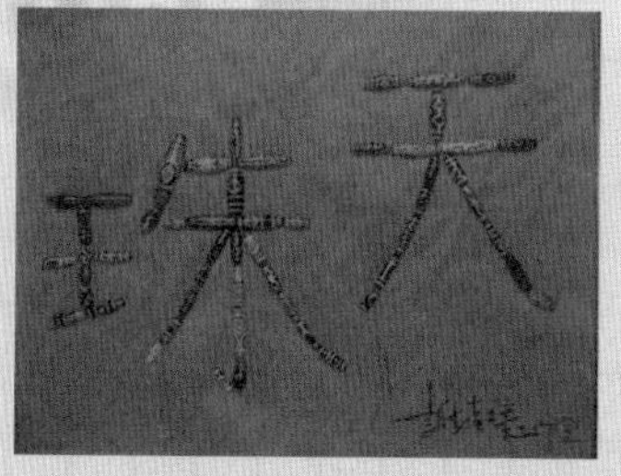

西藏聖物天珠，藏語發音為DZI，為福報、相好、莊嚴、圓滿之意，西藏人相信天珠能給我們帶來福報、功名、財富、幸福及一切的圓滿。

佛拉門歌揚起港都浪漫——

黛麗莎拉丁美洲烹調小吃

文 謝佳樺

這一晚，高雄的夜空很拉丁。
佛拉門歌的裙襬揚起鄉愁，
揚起拉丁美洲的繽紛，
揚起南台灣的熱情，
揚起海風翻滾港都浪~漫……

「黛麗莎TERESA」餐廳，每個月都會舉辦二次「拉丁之夜」。時間是第二個星期六晚上八點的「佛拉門歌Flamenco之夜」，與最後一個星期六晚上八點的「中東（土耳其）肚皮舞Belly dance之夜」，營業時間也從平常早上十一點到晚上十點延長至凌晨一點，將南美洲的美食、音樂和舞蹈，狂歡高雄。

沿著五福路，由東往西走，穿過高雄的大動脈：愛河，來到鹽埕區，直走，至五福四路與莒光街口前，右邊，「黛麗莎TERESA」餐廳就在這不甚起眼的地點，存在了十個年頭。

推開厚重巨大的木門，就推開了來自南美玻利維亞（BOLIVIA）黛麗莎與台灣老公蔡英文用心營造的拉丁世界。鮮少有一個餐廳涵蓋這麼多國家的美食、這麼多的特色，同時展示經營者精心收藏自西班牙、法國，與中國的名畫、古董，琳瑯滿目，美不勝收。

作家小檔案

謝佳樺 ｜ 詩人、音樂教師、西藏古文物收藏。創立詩元素108詩社。推廣跨領域精神，策劃創意觀念詩展。重要作品有《空白約兩分鐘》、《詩的化學方程式》、《音樂與詩的對話》、《藝術劄記》、《觀念藝術詩劇場》、《吉他交響曲NO.1 & NO.2》、《詩曼陀羅》、《西藏詩畫》系列……等。出版音樂叢書五種、《謝佳樺中英對照短詩選》等詩集三種。

右圖：佛拉門歌的裙襬揚起南台灣的熱情，揚起海風翻滾港都浪…漫……。

黛麗莎（TERESA）是老闆的名字，全名是TERESA ROCHA，來自地球的另一端南美玻利維亞（BOLIVIA），血管流著法國、西班牙、阿拉伯和智利條頓民族的血液。她遠渡重洋來到台灣的故事非常曲折，據老公自述：她的另一半來自故鄉台灣高雄，於一九七八年遠赴南美玻國溜躂，因一時興起，與一名二次大戰德國戰犯，和一名越戰美國佬共赴亞瑪遜河遊走打獵，此一事蹟變成他老兄往後吹牛打屁的題材。後來又窮極無聊，逛至首都LA PAZ市，而家居LA PAZ市的TERESA因一時走避不及，慘遭他老兄收入獵囊，然後，嫁雞隨雞離鄉背井來到台灣。原本只是做西班牙語教學，後來因為對美食與廚藝的興趣想跟人分享，便開了這家以拉丁美食為主的西班牙拉丁美洲烹調小吃。

TERESA的老公蔡英文常自我調侃是個半調子藝術家，他把部分藝術收藏，世界名家畫作真蹟，和中國國寶級陶瓷骨董，塞滿整間餐廳的牆壁和空間，所散發出的濃郁氣氛，讓人賞心悦目地先飽食一頓藝術大餐。而餐廳的招牌料理很多，除了十二道素食餐，近六十道異國佳餚，來自西班牙、俄羅斯、法國、德國、美國、義大利、墨西哥、玻利維亞、阿根廷、智利、秘魯和古巴等國，道地的異國風味菜色，令人唇齒留香。二〇〇〇年開幕以來，知音老饕遍及全國。

我的女兒昀融是個美食愛好者，小小年紀除了走遍喜瑪拉雅山麓諸國家，更嚐遍各國料理。在台灣很多餐廳有午休，昀融就常嘀咕，有時候錯過午餐時間就很難找到餐廳，而「黛麗莎TERESA」餐廳卻是隨時都能夠嚐到美食，除了提供最大的方便，食材新鮮，TERESA頗自豪的說店裡都用RO水，而且，全部都不用味精。每次客人點餐時才現煮，每天早上熬高湯，晚上沒有用完即丟掉，價格也平實。

前往用餐時，可點排餐，或單點可以搭配的多樣選擇，或經濟實惠的拉丁套餐。也提供多人的組合菜，如八人、十人的時候，可依客人預算需求設計菜單。更接受個人生日舞會的舉辦，全場以拉丁美洲方式進行，別出心裁。聖誕節、新年提供特

智利墨魚飯。墨魚以自身的黑，淋上自身的白　希臘也有墨魚飯，西班牙人吃了卻說：這是我們的家鄉菜，真是天下一般「墨」。

上圖：在這裡，TERESA餐廳以拉丁美洲的熱情，繽紛了十個年頭。

左圖：餐廳入口大木門：推開厚重巨大的木門，就進入了TERESA拉丁世界……。

別餐，牛排、雞排，而烤鴨、烤乳豬則要前一天先預訂。

這天下午一點多了，決定讓南美的熱情擁抱自己，拉丁一下。今天我點了玻利維亞的「嬰兒捲」Niños Envueltos（Cabbage Rolls），和義大利（拉丁美洲）的「海鮮濃湯」Crema A La Marinera（Seafood Cream Soup）。

「嬰兒捲」是蔬菜肉捲，用高麗菜包瘦豬肉和白飯，狀似小嬰兒緊密包裹不受驚嚇的樣子，食物被穩扎安實地調配，想必能帶給食用者饕客多一層窩心與自在。配上由洋蔥、蕃茄調製而成的醬料，真是可口、踏實的飽足感。「海鮮濃湯」有蝦子、蛤蠣和花枝，用洋蔥加全雞熬成的高湯，香濃纏綿，乘熱在溫度散失前，將黏稠的幸福順著食道溜入胃，滑入心……。

老闆娘Teresa殷勤地數著生鮮番茄汁（Fresh Tomato Juice）、薄荷牛奶（Mint Milk）、綠寶石（Emeral）、藍天（Blue Sky）、琥珀（Amber）、藍色夏威夷（Blue Hawaii）、天然玫瑰果汁

Petalos De Rosa（Rosehip Natural）我點了金桔蜂蜜檸檬汁Naranjita Japonesa（Lemon Lime Juice）。讓酸酸甜甜的汁液Spa唇齒，交織一口午後的清香爽朗。

老闆蔡英文熱情地推薦玻利維亞的咖啡，種在玻國海拔兩千至兩千五百公尺高山，比較好，比較香。在享受簡單卻飽足的午餐之後，我選擇不加糖不放奶精的「黑咖啡」。極年輕的服務生送上熱騰騰的咖啡輕輕地親切的說：在您點完餐的時候我就同時煮了，讓咖啡保持在一個溫度，等待您用完餐飲用。

黑色咖啡海上有白色熱煙氤氳飛舞，深深地吸聞，撲鼻的香氣，衝擊出一股久違了的熱情，波動空氣中的拉丁音樂，流浪心情……，再淺喝一口含在嘴裡，黑色液體在嘴裡滑向左邊，滑向右邊，一個翻滾衝浪般俯衝，熱浪緩入食道，香氣卻竄上鼻竇，清甘、順口、生津……。喝完之後，咖啡杯逐漸冷卻，微溫的杯子內壁與杯底仍附著咖啡香，此時的香氣竟是一股地自杯口直直緩緩而上，有別於之前的熱氣奔

黛麗莎餐廳1樓。沒有午休，TERESA餐廳隨時都能夠嚐到美食，提供最大的方便。

上圖：黛麗莎餐廳2樓。塞滿牆壁和空間的藝術收藏，散發出濃郁氣氛，讓人賞心悅目地先飽食一頓藝術大餐。

左圖：西班牙海鮮肉飯。嘉年華般繽紛，金黃可口的顏色，跳躍著番紅花特殊的香氣，渲染空氣中傳奇的唐吉訶德。（在西班牙番紅花被稱為「red gold of La Mancha」拉曼查的紅金，拉曼查是唐吉訶德傳奇的所在地。）

騰，快速，散飄。用心聞香，發現冷香共鳴出更香、更濃郁的氣息，一番意料之外的情趣，另一種意境。

一個人的下午，其實也可以擁有滿滿的扎實，滿滿的幸福……。

拉丁美洲飲食文化大同小異，TERESA餐廳還提供了代表性特色佳餚如下：

◎素食餐 Comida Vegetariana（Vegetarian Foods）
◎高楚人牛排 Bife Tipo Gaucho（Gauchos Beefsteak）
◎俄羅斯炸起司雞肉捲 Rollos Rusos De Pollo Con Queso（Russian Fried Cheese chicken Rolls）
◎加勒比海醬汁燉培根香菇魚捲 Rollitos De Pescado Envueltos En Tocino
◎加勒比海酸甜醬汁魚排 Filete De Pescado Al Caribe En Salsa Agridulce（Caribbean Fish Steak in Sweet & Sour Sauce）
◎秘魯海鮮沙拉 Cebiche Perunao Au La Marinera（Peruvian Seafood Salad）
◎西班牙海鮮肉飯 Paella（Spanish Seafood Rice）
◎西班牙小脆餅 Empanadas（Spanish Empanadas）
◎古巴拉丁烤鴨 Pato Latino Asado（Baked Latino Duck）
◎玻利維亞嬰兒捲 Niños Envueltos（Cabbage Rolls）
◎玻利維亞安地斯醃酸豬腳 Vinagreta De Patias De Cerdo（Vinaigrette Pig Knuckles）
◎阿根廷烤肉 Parrillada a La Argentina（Argentina Barbecue）
◎黛麗莎招牌拉麵（松阪豚肉）Tallarin Teresa（Teresa's Noodles）
◎智利墨魚飯 Calamares En Su Tinta（Con Arroz）（Squid Rice）
◎義大利海鮮蕃茄醬麵 Espaguetis En Salsa De Carne（Espaghettis In Meat Sauce）
◎智利南瓜濃湯 Crema De Zapallo（Pumpkin Cream Soup）
◎義大利（拉丁美洲）的海鮮濃湯 Crema A La Marinera（Seafood Cream Soup）
◎藍色夏威夷 Blue Hawaii
◎特殊調酒古巴蘭姆酒 Mojito：Bacardi（甘蔗釀的酒，後勁很強）＋新鮮薄荷葉＋檸檬調製而成。
◎玻利維亞咖啡 Café Boliviano（Iced Or Hot）

永恆的彩虹，葉老走過的大高雄文學軌跡

文 郭漢辰

葉石濤（一九二五—二〇〇八），窮其一生之力，推動台灣文學，留下一百三十多萬字、一百五十八篇短篇小說的豐富文學資產。文壇人士都尊稱他為「葉老」。

葉老看似最平凡的老人家，心裡卻執著最不平凡的文學理想，照亮了日治時代之後的台灣文學天地。雖然如今他離開人世了，但他在一九六五年以後，在大高雄地區走過的文學足跡，彷若成了一道永恆的虹彩，讓熱愛文學的新一代仰頸追尋。

大高雄文學空間標地——
高雄市左營勝利路，葉宅

葉老的名言，「他的勞動是寫作」。在高雄市左營街鎮中心勝利路某棟老房子的二樓，成為這名文學勞動者每天晚上寫作不輟的工作地點。

葉老在一九六五年考上台南師專特師科就讀，搬到高雄市的左營勝利路定居。他就此擺脫了因政治犯身分無法好好生活工作的惡運，更從此開展了長達近半世寫作不輟的文學生命。

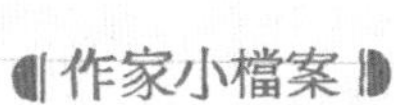

作家小檔案

郭漢辰 ｜ 五年級前段班，受葉老文學啓蒙極深，因而進入成大台文所碩士班就讀，研究葉老小說，完成碩士論文「重建台灣殖民記憶—葉石濤小說特質探究」。曾獲台北文學獎文學年金、寶島文學獎首獎、高雄打狗文學獎短篇小說首獎、新詩首獎等國內重要文學獎。2010年並同時獲得高雄市文學創作及出版補助計畫。

右圖：鍾理和念紀念館一隅，重現鍾理和寫作的書房。（郭漢辰／攝影）

葉老的文學能量，在這座看似不起眼的老房子，從此開天闢地的爆發。他上百萬字的小說，大部份就在這既老舊又窄小的二樓書房孕育，並且把它逐一生產出來。日治時代以及戰後初期的生活種種，都成了他小說裡最鮮活的文學舞台。葉老的小說代表作〈齋堂傳奇〉、〈伊魯卡．摩萊〉、《西拉雅族末裔潘銀花》，全都是在葉宅「誕生」，此處成了葉老文學創作的「產房」。

葉老在這房子產下的文學結晶，不但有短篇小說，更有數量豐富的文學評論，其中讓人眼睛為之一亮的是《台灣文學史綱》一書。他在一九八三年開始搜集資料，接下來利用一九八四、一九八五年的兩個暑假，戮力完成跨越台灣四百年的文學史鉅著。很難相信，這是葉老在如此清苦的書房裡撰寫而成。尤其南台灣的盛夏炎熱難當，他窩在小書房裡，一字一句書寫下台灣驚濤駭浪的文學發展。

葉宅更是很多熱愛文學的後進們，前來尋求大師指點的聖地。很多文友到此和葉老聊天，深受其人格與文學理想的啟發。葉宅同時也匯聚南台灣一批熱愛本土文學的文友，包括評論家彭瑞金、詩人曾貴海、鄭烱明、小說家吳錦發、出版界聞人陳坤崙等人，與葉老培養深厚情誼。

這群文友他們經常進出葉宅，葉老成了所有人的文學導師。葉老當時就算已年屆高齡，但仍不斷將文學能量四處散發，激起南台灣一波又一波的文學風潮。吳錦發在民眾日報副刊發起原住民文學，吸引原住民作家的熱情參與。詩人曾貴海等人發起的綠色高屏溪活動，更掀起保育文學的高潮。

好文學從不寂寞——
高雄美濃鍾理和紀念館

這裡是位於高雄美濃的鍾理和紀念館，我們走在一片蟲鳴鳥叫的寧靜天地裡。你很難相信，在紀念館還沒有興建之前，鍾理和的一生，曾在這裡默默創作。為了文學，他盡一己之力，與整個現實奮力拔河。

鍾理和一九一五年出生於屏東縣高樹鄉，一九六〇年罹患肺疾不幸過世。他的一生

右圖：葉老過世後，師母每天都還會到葉老的書房裡看看。（郭漢辰／攝影）

左圖：筆者在2005年與葉老合影。（郭漢辰／攝影）

【座標小導遊】

左營葉老故宅、美濃區鍾理和紀念館、高雄文學館的葉老銅像，為一代文學耆老葉石濤走過大高雄的軌跡，形成彷若一道永恆的文學虹彩，照映港都土地。三景點均擁有濃厚人文情懷，讓高雄子弟世世代代追尋

為追求愛情、文學以及自我的原鄉，曲折環繞。最後，他在一片血泊和發黃的稿紙中，溘然長逝。他一生追求台灣文學的創作，其作品《笠山農場》、《雨》等，都是極為有名的代表作。不過，為了追求文字真善美的表現，在現實生活裡慘遭無數挫敗。

比鍾理和晚十年出生的葉石濤，對於鍾理和的作品相當推崇。葉老認為：

> 他像一顆光芒四射的慧星，倏而消逝於冥冥之中，卻在本省鄉土文學史上留下了震爍的、撼人心弦的一章…台灣色彩鮮明的風土，在他的作品中貫徹始終，好像血脈般永不停留地流瀉搏動著…

葉老不但撰文評介鍾理和的作品，更有鑑於日治時代台灣本土作家的創作，或是後人不知珍惜保存，或是無保存之處，使得部份創作都隨著時間灰飛湮沒，實在是台灣文學史上莫大損失。葉老與鍾肇政、林海音、鄭清文、李喬、張良澤等多名文壇知名人士，在一九七九年六月聯名推動「鍾理和紀念館」的活動。「鍾理和紀念

右圖：2009年12月11日高雄文學館葉老銅像落成，右起鍾鐵民、高雄市長陳菊、葉師母。（郭漢辰／攝影）

左圖：葉老推動興建的鍾理和紀念館。（郭漢辰／攝影）

館」終於集結眾人的力量興建而成，成為由民間合力興建的全台第一座平民文學家紀念館，意義深遠。

在紀念館興建期間，葉老還與文友們數次結伴到現場觀看施工情形。完工後，葉老每隔一段時間，就到紀念館看看這位已不在人世的老朋友，並探望鍾理和之子鍾鐵民。鍾理和努力寫作不輟的精神，其實早就傳染給葉老。葉老後來積極投入高雄縣鳳邑文學獎，更獲得高雄縣文學奉獻獎。

在葉老的想法裡，文學是不分地域，高雄縣市的文學是結為一體。所以，葉老在大高雄走過的人文跡痕，猶如一道虹彩，橫跨過大高雄，只要努力追尋，必有跡可尋。

鬧市裡的葉老銅像——永恆的文學淨土

葉老在二〇〇八年十二月十一日辭世後，最不捨得他的自是葉師母等家人。當然，有愈來愈多葉老的粉絲及文友們，懷念葉老對台灣文學的無私奉獻。由高雄市政府公開徵件，藝術家王秀杞所創作紀念葉老的作品，就興建在高雄市民生路的文學館裡。

二〇〇九年十二月十一日，在葉老過世後一年，這座名為「台灣文學暗夜的領航者」的葉老銅像，由高雄市長陳菊、葉師母等人正式落成啟用。銅像的內容，葉老坐在石椅上，兩三名小朋友圍繞在他身旁，一同念誦葉老著名的作品「沒有土地，哪有文學？」

葉師母每天都想到葉老銅像前看他，只是左營離市區有一段不短的距離，師母無法每天都前往。倒是蓮池潭畔的文學步道，離左營勝利路的葉宅很近，師母每天都漫步到潭邊，步道兩旁都刻有葉老的石碑、石椅，師母每天親手拂拭它們，彷彿葉老還活在人世。師母還對著石碑閒話家常，告訴葉老家裡最近發生了什麼事，孫子孫女又大了幾歲。

於是，在大高雄最繁囂的市中心，有個放置葉老文學銅像的地方。銅像旁是葉老最摯愛的文學館，前方是中央公園一片綠盎的草地，葉老一生為文學努力的象徵落腳於此，彷彿是葉老一生追尋的文學淨土。葉老的足跡，就這樣一路行過高雄市、高雄縣，形成了一道永不落幕的虹彩，在銅像前方緩緩落幕……

最後，聳立在我們眼前的是葉老一生一世創作的二十本文學鉅作——《葉石濤全集》，等待我們走進他打造的文學世界……

以前和葉老站在自己家門口，如今只剩師母一人。（郭漢辰／攝影）

【歷史小檔案】

- 左營葉宅：1965年後葉老即居住此地。
- 美濃區鍾理和紀念館：由葉老與鍾肇政等多位文壇知名人士，在1979年6月聯名推動「鍾理和紀念館」興建活動。
- 高雄文學館葉老銅像：為高雄市政府在2009年12月11日在葉老過世後一年，委託藝術家王秀杞雕塑而成。雕像名為「台灣文學暗夜的領航者」。

哈瑪星的線

文 鄭順聰

我大學讀中山，面朝西子灣，繞過背後的柴山便至哈瑪星，三年級升四，更從學生宿舍搬至鼓南街十巷，這地方太迷人，進得去不一定出得來，像座迷宮，而我是童話裡那個聰明的小孩，早準備好線團，在入口處暗暗打結，邊走邊放線，直到畢業，順利盤出迷宮，往明日而去。

線剛拉起，先觸動的，是我的味覺，可不是知名的旗魚丸大王汕頭麵海之冰，這舌頭的福利當地住民獨享，時間僅星期日下午，攤車推出，人蜂擁而至，買肉圓解饞。我也是住鼓南街一陣子後，偶然發現，剛開始不瞭營業時間，常常撲空，遂養成習慣，星期日一到，就在鼓元街臨時擺設的桌椅就位，騎樓有台廢棄生鏽的賓士，車頭滾圓，只在黑白電影看過，造型頗逗趣，邊欣賞邊等待，老闆端上油炸肉圓，我另外加點肉皮，若無清湯，真是油膩不堪。食物本身的味道平庸，然而攤子低調樸實，又是我和當地居民每周一次的祕會，滋味自是難忘。

如今，回想哈瑪星，我重拾記憶的線，氣定神閒不怕迷路，左手牽著太太，右手抱起女兒，無法相信，當時那個爛漫青年，體重才五十五公斤，風景、氣味與青春迎面而來，十多年前……。

作家小檔案

鄭順聰 ｜ 嘉義縣民雄鄉人，中山大學中文系，台師大國文研究所畢業。曾任《聯合文學》執行主編，著有詩集《時刻表》，現為專職作家。

【座標小導遊】

哈瑪星——即現今高雄都南鼓山區一帶，泛指五福四路平交道以西之處。西子灣與中山大學、英國領事館等景點；渡船頭與旗津對渡的碼頭風情；再加上市區的老街屋、廟口與小吃，構成哈瑪星獨一無二的風情。

線再拉，深入記憶的迷宮，來到渡輪站，鐵門拉下，空無一人。深夜讀書累了，散步款至，黑輪伯營業到凌晨，我是最後的幾個客人。漁市場入口拱門裝飾雕花，殘破結蛛網，碼頭潮濕空蕩，釣客都回家休息了，這一切的孤寂，為迎接捕魚歸來的漁船，沒想到，漁獲三三兩兩，打開保麗龍盒，十多隻紅蟳，船家賣我兩、三百，好便宜。我四處晃蕩到天快破曉，讓讀書跑動過快的腦子減緩速度，臨睡時，想到白日渡輪繁忙來往旗津，也是一條條的航線，來往編織了數十年，不曾打結，多希望我的思緒，也能船過水無痕，讓睡眠不再迷航……。

哈瑪星是日語「濱線」的音譯，現以更明亮精彩的形象，改變人們眼中的海岸線，與我記憶迷宮中的它，兩個世界。

往過去再拉回幾寸，更貼近當時的生活，在僅容摩托車相會的小巷內，有我賃居的房間，那是棟方正水泥樓房，室內裝璜全用檜木，一擦拭便散發原木的清香。在哈瑪星，有最典型的市井生活、最規律的作

上圖、下圖：西子灣的夕陽美景。

哈瑪星漁港一景。

息軸線：每日清晨，三樓的房東走下一樓，準備上班，發動偉士牌機車，二樓的我看看手錶，一定是六點零五分，絲毫不差；到了六點半，房東太太的吸塵器準時響起；七點，不知哪一格窗戶傳來超重低音，音響蹦蹦蹦，提振上班的精神；隔沒多久，哀鳴聲此起彼落，隔壁家養了十多條狗，女主人上班前，要一一吻別。到了傍晚，上課工作的緊湊轉而輕鬆，國小生到巷口便迫不及待脫下書包；女主人門剛開，一大群狗便衝了出來，瘋狂舔舐；飯菜香撲鼻，電視節目歡笑傳來，整條街道洋溢著歡欣的氣氛——卻有哀怨的聲音，如泣如訴，幽幽傳來，我尋著聲線，透過捲花鐵窗及綠紗網，看到客廳中的阿媽，塗脂抹粉，唱著歌仔戲特有的哭調，這是年少戲班生活的緬懷，或是內心深藏著哀痛，我沒有問。

那時，入夜的哈瑪星，還沒如此多觀光人潮，除了廟口與渡船頭，四周闃寂，尤其過了十點，人與街道陸續入睡……趁此時，我騎上腳踏車，漫無目地兜風，在紅磚與洗石子之間穿梭，消散高雄夏日的酷熱。這日治時期崛起的市鎮，雖已沒落，但街屋的往昔風情依舊迷人，像我這樣懂得欣賞的人不多，不如說，唯我獨享。然而，到了冬天，尤其寒流來襲時，街巷構築的交通線，竟變得錯位迷離。冬夜逼出哈瑪星老病的內在，溫度陡降不意讓死亡露出，騎腳踏車回住處，慣走的路遭封閉，搭棚子立花圈，我尊重老死家鄉的前輩，改道而行；沒想到下一個路口架起巨大的鐵絲網，成捆成捆的金紙燒得火旺，這條路也不行；再繞遠路，想不到那兒也有喪事。寒風刺骨，冷汗頻冒，這地方我如此熟悉，竟進不去。

現在地圖垂手可得，google就有，展開哈瑪星，發現街道也是一條條的線，如松針般散落，秩序井然不打結，我自東徂西（鼓山路、捷興街、麗雄街、延平街、鼓波街、長安街、壽山街、濱海路、哨船街、蓮海路），再由南向北（鼓南街、鼓元街、臨海路、登山街、千光路），光是口唸街名，就興味盎然。「麗雄」兩字多麼氣派，「鼓波」在海的雄渾中充滿律動，「濱海」的路有「哨船」通往「蓮海」，「臨海」還可以「登山」，那是哈瑪星的得天獨厚。從市區往中山大學，有時我不走主幹道臨海二路，而提早切入登山街，沿山腳而行，經熱鬧的鼓山市場、紅十字育幼中心的紅磚建築、鼓山國小後門與濃濃日式風味的武德殿，可沿虛線剪下另一番風景。登山街與千光路之間，有房子沿山坡而建，配合地勢做各種變化，空間錯落迷離，外人罕知，是我這個好奇份子的獨家發現。

然而，在哈瑪星，其實不需要地圖，風四面八方而來，就是最佳的導引。只要順著風走，從大馬路鑽入住家夾縫間的巷子，有耐心點，不怕髒黑也不怕打擾他人，巷子的盡頭，就是海洋。記憶的線就快到迷宮的源頭，我想起第一次來到哈瑪星，感覺海邊特有的風情，往中山大學方向，珊瑚礁岩堆疊的山橫阻在前，遂穿行隧道，彼端就是開闊的海面，也是我記憶的原初，黃昏來時就發高燒，浮現各種紅潤的顏色。

望海的人，回憶的人，都一樣，因風景太過絢美，陷入無比的熱灼之中。

西子灣夕陽映照海面波光粼粼。

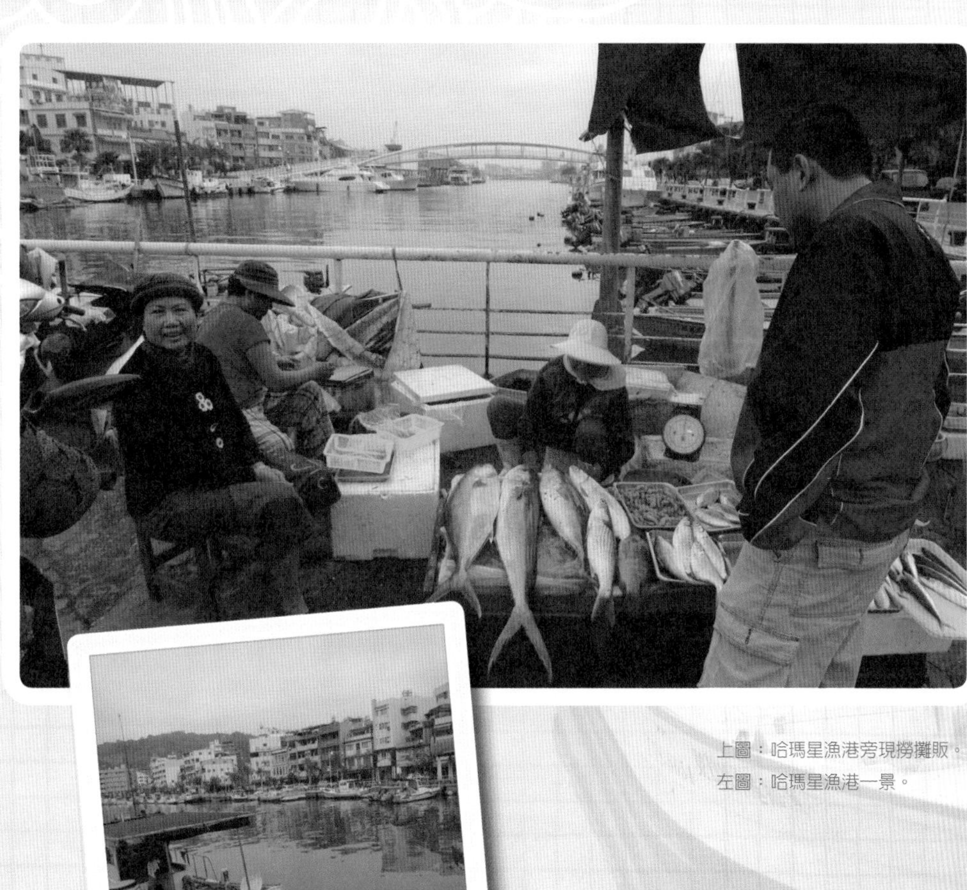

上圖：哈瑪星漁港旁現撈攤販。
左圖：哈瑪星漁港一景。

【歷史小檔案】

哈瑪星本為一片海域，日治時期為了疏浚航道、填海造陸而成。因有兩條濱海鐵路通往港口，日語「濱線」，發音Hamasen，當地居民以閩南語稱「哈瑪星」。本為高雄政經中心，現則以其迷人氛圍，吸引遊客與懷舊者再三造訪。

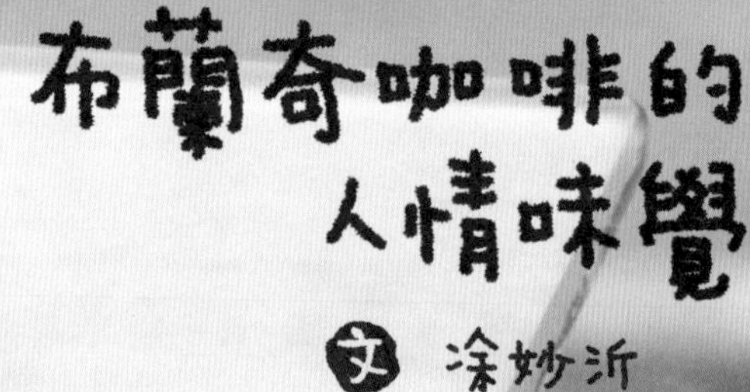

布蘭奇咖啡的人情味覺

文 涂妙沂

我喜歡一天的起頭從咖啡與花草的香氣開始……

照舊，我還是提著筆電推開「布蘭奇」的玻璃門，聞著熟悉的咖啡香，讓香氣在肺腑間衝撞著昨夜未寫完的詩句，又融和著清晨散步「凹仔底森林公園」，鼻尖殘留穗花棋盤腳的花草味，小店裡賣咖啡和喝咖啡的人熟悉的臉孔，簡約的牆面掛著我正在展出的油畫。我的早晨就在藝文小咖啡店展開，一間有濃濃咖啡氣息的小店，其實和窩在屋子角落的舊鞋一樣，是生活的一部分，咖啡店的老顧客和公園裡不期然相遇的鄰居有些重疊，有熟悉的暢然，這就是社區的緣份。

咖啡是常民生活的一部份，據說大文豪伏爾泰一天要喝四十杯咖啡，「讓自己時時清醒，好好思考如何與暴君和愚蠢抗戰到底」，法國現實主義作家巴爾札克號稱一生喝下三萬杯咖啡，有些藝文人士常用重咖啡撞擊文化靈感，中古時期咖啡最初的拓荒年代，是躲在小酒館喘息……我喜歡的咖啡故事，是美國獨立建國時，移民到北美洲的歐洲人為了抵制英國而不喝茶，改喝咖啡那種壯士豪情，為了獨立，連日常飲品都要爭一口氣，總覺得這比較貼近南台灣草莽的城市情感。

作家小檔案

涂妙沂｜詩、散文、小說作家，台南人，中興大學中文系畢業，加州法界佛教大學研究所碩士班肄業。曾任職出版社、民眾日報和台灣時報副刊編輯，從事文化工作、環保志工二十年，目前自由寫作。曾獲林榮三、打狗、台北、南瀛、葉紅文學獎現代詩獎等，兩度榮獲高雄市文學創作獎助、府城文學獎集結成冊散文類正獎。散文入選高雄縣中小學台灣文學讀本、靜宜大學文學創作讀本、《岡山文選》。著有：散文集《土地依然是花園》。編有《柴山主義》。合集有：《鋼板在吟唱-台船歷史》、《花紋樣的生命》等。部落格:南方的苦瓜寮。

多年前，暫居在有大葉桃花心木飄落的彩虹公園旁，要尋找一個安靜吃早餐的小店，散步五百公尺內可以抵達，必須窗明几淨，因而發現「布蘭奇」，它的新世紀音樂與我相見歡，一杯四十五元的咖啡，一份四十八至一百元的簡單可口早餐，可以上網和閱讀，適合清簡生活的人。

布蘭奇創立於一九九八年三月，「Brunch」早午餐，是英文Breakfast與Lunch兩字的組合，那年，創店的史竹清四十歲出頭，從公務員退休而創業，算來是高雄最早起步的連鎖咖啡店，自創本土品牌的咖啡研磨店，鼎盛時期有近二十家分店，目前有九家分店，它吸引人的是平價，室內型舒適用餐，不同於速食店使用紙杯，它使用瓷器杯盤，符合現代人的環保概念。

早晨七點多，用過健康蔬食早餐，我習慣打開筆電閱讀電子報，眼睛也順便觀察人們，剛吃過元氣早餐的阿伯，歪著頭打起瞌睡，整齊的紳士穿著，顯現出高雄迎頭趕上的經濟發展。闔上電腦，我習慣去書報櫃拿商業類週刊，順手抓一本古典音樂或旅遊雜誌。若是午后時間來店裡，我會點最愛的雞肉烤餅和柚香茶，與一群祖父母級的小學同學會的歡笑相撞，感受在城市中浸漫的社區文化。

二○○六年，我生命中第一本個人散文集的新書發表會選在布蘭奇和平店，新舊藝文朋友齊聚二樓，生態攝影展在一樓，第

布蘭奇是高雄最早起步的連鎖咖啡店，自創本土品牌的咖啡研磨店。

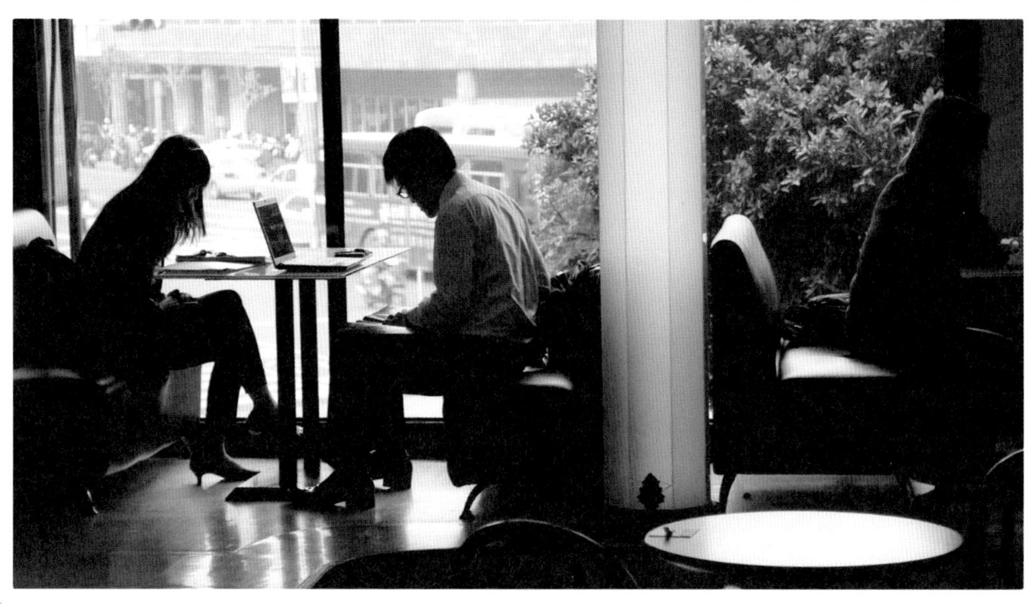

第一次嘗試以文學走入咖啡店，我開始愛上它溫馨的現代感。

一次嘗試以文學走入咖啡店，我開始愛上它溫馨的現代感，後來因為經常帶朋友去參觀攝影展，因此和咖啡店有了溫馨記憶。有一天，久未連絡的朋友告訴我她帶女兒吃早餐，邂逅我的攝影作品，「看到牆上掛的不是裝飾畫，而是本土的動植物，好驚喜。」讓我思考藝術走入生活的理念。

攝影作品在正式的展場，去看展的人只能驚鴻一瞥，但是長年掛在咖啡店，卻是慢慢浸潤人們的心靈，一如咖啡香氣。算來那次的攝影作品擺放在店裡有半年多之久。

二〇〇九年，為了莫拉克水災，跟永平畫室的同學在和平店舉辦義賣油畫，是不期然的一次展覽，沒想到卻為咖啡店增添了美麗的色彩，竟成了畫者與咖啡客間的溫柔對話。後來和平店陸續推出愛畫畫女人的油畫聯展。二〇一〇年，美術東二店則開始有油畫個展，這家鄰近高美館的店裡，牆面設計頗適合展出畫作，它的設計出自高雄在地藝術家的巧思。

我從沒想過會和布蘭奇有這麼深的緣份，一切都是日積月累而來的人情味，常去的店，也許遺留著我尋常出沒覓食的氣息，或是在這裡寫文章和構思文案的靈感，人和店都有了記憶，即便後來搬家，仍經常返回高雄，它仍然是我最常歇腳的咖啡店，尤其回店裡欣賞自己和朋友的油畫作品高高掛，帶朋友共賞或自己獨賞，滿足一下虛榮的成就感。

「我在想，還可以為顧客做些什麼？那就是晚餐，讓外食族有家常晚餐可以享用，所以我又請社區媽媽來掌廚，讓空巢期的媽媽有新的舞台，剛開始嘗試。」

史竹清談著他的想法，嘗試在市場潮流中探索，與滿街林立的咖啡店迎擊。他腦子裡經常有新點子湧現，卻不忘建立社區咖啡文化夢想的初衷，我問他是否受到他的兄長，前「串門學苑」創辦人鄭德慶的影響，他不置可否。員工們喜歡他開明的管理模式，權力的適度釋放，讓員工有成就感。在我眼裡，他是個貼心的朋友，從小有十個兄弟姊妹一起長大的愉快經驗，讓他喜歡結交各路豪傑，他很自然把員工和顧客當作朋友。

「經過十二年，我覺得你隨著你的顧客一起變老，你開始在替他們的晚年著想？」我問。

「也許是，不過我喜歡自在，我其實只是讓一切自在罷了。」史竹清說。

是什麼緣故能讓咖啡客不間斷的回來？應該就是一種自在的感覺吧，「氣氛讓人自在，咖啡價錢也讓人自在」，你想對著筆電發呆多久都請便，自在安然；音樂輕柔得讓人想和姊妹淘在此安靜一下午，說說悄悄話；待業的人在此閱讀書報，蟄伏出發。假日裡，社區居民親子或三代同堂一起吃早餐的景象，溫馨的氛圍混和著咖啡香更加迷人。

有一天，史竹清宴請油畫聯展的女人午餐，地點選在「不老壽司」，他邊品嚐鮮嫩美味的比目魚燒炙握壽司，邊介紹年輕

一間和你早晨相依的社區咖啡店，二十年後，它將隨著你一起變老。

的女店長是他從前的員工，神情裡有一種義氣。我想這個賣咖啡的男人不自覺也縱身跳入咖啡香裡，那種為別人著想的貼心，是他性格的一部分，也成為布蘭奇咖啡的迷人香氣。無論經歷同業劇烈競爭或景氣低迷，他還是不斷變換咖啡清唱劇迎接市場新局，沿著他建立社區咖啡文化的舊路。

在街頭，我們經常在尋找一種新奇，也同時在尋找一些熟悉，一些驚喜，世間所有讓人想去嚐鮮的美食店何其多，讓你迷戀的小店卻屈指可數，但它都有一種濃情香氣，讓你的鼻尖一直尋著舊味回去，那就是小店親切熟悉的人情味覺……

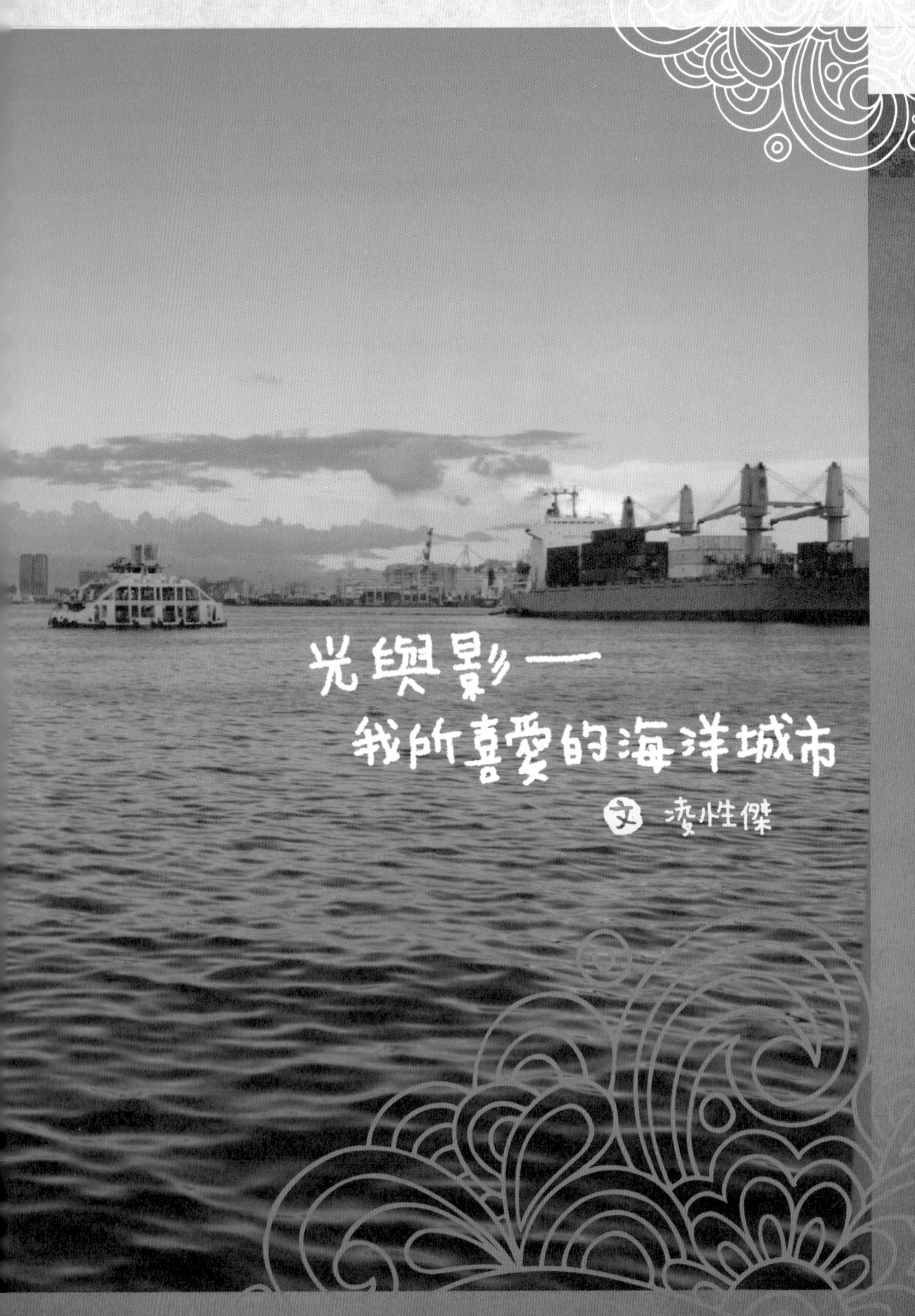

光與影——我所喜愛的海洋城市

文 凌性傑

一座面向海洋的城市

不知道為了什麼，近年來高雄總是被拿來與新加坡相提並論。不管是在運輸產業、經濟成長、國際事務方面，新加坡的經驗確實值得參考，難怪許多政治人物忙著前去獅城取經。在物質文明方面的進展之外，最近十年的獅城，也創造出屬於自己的美學觀點。二〇一〇年的暑假，我陪學生去新加坡參加文化學術交流，在中學生的文化觀察論文發表會上，體認到台灣的文化品味是如此獨特又多元。同時，我也從差異中重新發現了高雄的美麗。

從上個世紀中葉以來，高雄一直是台灣現代化城市的典型。加工出口業發達，港口經濟繁榮，高雄憑著優越的勞動人力、整體的經濟規劃，重新定義了自己。生長在高雄，我喜歡整齊畫一的道路格局，以及不需要命名的好天氣。高三那年，我騎著摩托車上學，沿著民族路南下，穿越十全路、九如路右轉建國路就可抵達雄中。放學後的時光，我常一路往南，奔馳過八德、七賢、六合，就是五福路了。（接著是四維、三多、二聖、一心。）道路的命名，涵括東西南北的方位，也呈現現代化歷程中的政治文化想像。多神奇啊，每一天早上我想，民族右轉就是建國了。騎車回家的路上，建國之後就是民族了。

作家小檔案

凌性傑 | 詩作家，現任教於台北市立建國中學。
1974年生於高雄市。天蠍座。高雄中學、師大國文系、中正中文所碩士班畢業，東華大學中文所博士班肄業。曾獲台灣文學獎、教育部文藝獎、林榮三文學獎、中國時報文學獎、中央日報文學獎、梁實秋文學獎。迷信山風海雨，寂靜的冥契與感動，在體制中恆常渴求似不可得的自由。著有《2008/凌性傑》、《海誓》、《找一個解釋》、《燦爛時光》、《所有事物的房間》、《關起來的時間》、《解釋學的春天》。

右圖：高雄港一景

高雄港的景色。

地理學者段義孚（Yi-Fu Tuan）以為，地方（place）與空間（space）有別：人類憑藉著經驗賦予意義的就叫做地方，它是限定的、固著的。而空間的概念則指向開放、不確定的意義。對我來說，高雄是這樣一個「地方」，形塑了我們高雄人的特殊意義，發散出熱情、爽朗、直率的精神特質。它同時也是一個「空間」，在時日變遷裡開放出不同的詮釋、不同的意義。我在廈門（也是一座面向海洋的城市）的朋友從沒來過高雄，近年來倒是頻頻看到電視、電影中的高雄。蔡明亮的《天邊一朵雲》、蔡岳勳的《痞子英雄》、鄭文堂的《眼淚》……，他們透過鏡頭捕捉城市景觀，光與影交織出的空間，讓高雄的意義世界顯得無比開闊。

而我最喜歡的，還是侯孝賢《最好的時光》中的第一個段落——「戀愛夢」。侯導的鏡頭下，一九六六年的高雄是那麼單純美好。男女主角（張震與舒淇）各自搭乘渡輪，往來於波光粼粼的海面上，身影晃晃蕩蕩的，真有一種暈船的感覺。而我青春期的愛情故事，也是從這一片海灣開始的。

記憶中的光與影

高中時，我喜歡帶著伊來到這一片光輝的海岸。對著生長於另一個城鎮的伊，一一指認我熟悉的、熱愛的事物。那也真是屬於我的，最好的時光。在升學體制下，這一片港灣是我的祕密基地，允許我偶爾偷懶、歇息。

寧靜的夏日午後，靠在領事館的紅磚牆上，可以俯瞰港灣吐納著大大小小的船。甚麼話都不用說，有風輕輕吹來，我覺得自己是全世界最幸福的人。太陽沉落之後，還可以用各種食物認識這一片土地。暮色蒼茫中，所有事物變得模糊，而燈火點燃了城市裡繼續發生的故事。高中同學S在他鄉求學工作多年後，終於回到高雄生活。我每次回到高雄，總會與S相聚，在話語中交換彼此的人生。他駕著豐田房車，帶我在這座再熟悉不過的城市裡穿梭。而他每次都要問，我有沒有特別想去的地方。

不知道為什麼，我與S每次都去到可以看見海的地方。我們與青春期，已經隔著一

上圖：真愛碼頭一隅。
右圖：真愛碼頭。

層海了。面向海洋的時候，我們只是從口中冒出一堆又一堆浪沫。我喜歡在星光碼頭夜飲，也喜歡在旗津看著風車轉啊轉。不過，百去不厭的還是西子灣一帶了。或許是感情所繫，我認為全世界最美麗的夕色，就在這一片海灣。如果是步行，我會從中山大學的隧道慢慢穿越，接著爬上山坡，走向文學院高樓，靜靜享受時間的流逝。如果是S開車載我，便可以從大學校門口驅車直入，順著蜿蜒的路徑前往後山。

在山崖邊停好車，便信步走向聽得見海洋的地方。這附近開了幾家海鮮餐廳，全以景致取勝。我望著大海發呆，頓時察覺，人生至福莫過於可以偶爾閒散，不急著做什麼，只專心等待太陽朝向海面沉落。同時我也慶幸著，這地方是遊覽車開不進來的。

那滿天的煙霞，似乎無止盡的燃燒。寶藍色的天空，或許正要迎接一鉤新月。

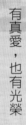

上圖：高雄港邊旅客愜意看著夕陽，享受海風吹拂。

左圖：西子灣暮色滿天煙霞。

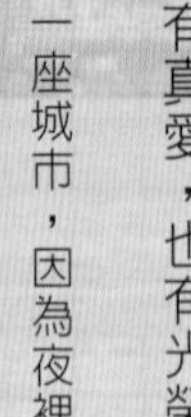

有真愛，也有光榮

一座城市，因為夜裡有了種種的光影而變得不一樣。

我念高中時，騎摩托車回家的路上，只覺得沿途的燈光太蒼白缺乏溫暖。如今高雄的街廓因為燈光照射，驅趕了部份黑暗，投映出另一種美麗。光與影交錯，高雄的夜晚其實比白天更璀璨。市街的路燈造型，充滿了海洋意象，美就來自於這些細微的差異。而近幾年的元宵，我從沒錯過愛河兩岸的燈市如畫。這更加證明了，一個城市要被看見，首先必須要讓自己發光。不管是平日或節慶，夜間的燈光提供活力，豐富了世俗人生對美的想像。

我的同事曾經帶著老父從台北搭高鐵商務艙南下，然後包了一部計程車展開高雄城市之旅。他們從下午晃到夜晚，走過許多景點，吃過許多小吃，覺得意猶未盡。於是開口問司機，搭晚班高鐵北上之前，還有哪個地方值得一去？夢時代那樣的shopping mall就不必了，露天咖啡座也沒什麼稀奇。至於夜市，全臺各處都有，對於疲累的旅人來說反而是一種折磨。

司機大哥二話不說，馬上轉動方向盤，優雅的踩著油門，告訴我的同事不用擔心，時間還充裕，即使不下車看看也好。結果他們就慵懶的待在小黃上，任意看車窗外景象的變換。先是去到真愛碼頭，接著來到光榮碼頭。我那位同事驚嘆了，真愛碼頭、光榮碼頭名字取得真好啊。司機淡淡的回應，當然啊，有了真愛才有光榮嘛。

同事訴說的經歷勾喚起我的回憶——農曆過年期間，曾伴著母親、弟弟、弟媳、姪女到此一遊的。那時在真愛碼頭前，我們排著長長的隊伍準備搭船。抱在懷裡的姪女用好奇的眼光看著世界，偶爾沉沉的睡去。我們輪流照顧著小女娃，一邊感受天風吹襲，一座城市在光與影之間維持著獨特的形象。北部的學生若是想要遊覽高雄，即便走馬看花都好，我建議他們，一定要見識夜裡發光的真愛與光榮。

離開高雄多年，我終於明白鄉愁是怎麼一回事。那是在記憶之中提煉出的，想要回到某種時空場景的感覺。只是，人生的單向道上，唯有如此深深眷戀著了。這樣的執念，既有真愛，也有光榮。

停車駐足，獨享港灣美景。

做了夢的茶——半九十茶屋

文 陳雋弘

第一次來「半九十」，是Fun介紹的。

Fun從來都是個有趣的人，她介紹的地方總不會太差。剛開始認識Fun的時候，我就被她的穿著深深吸引：中國風的短上衣（像春麗那種），斜綴著一排典雅的布扣，質料暗而鮮豔，配上一件飄揚的喇叭長褲，腳上踢著一雙秀氣又顯得詭異的繡花鞋。Fun就是有個性這樣穿搭，像極了從電影《胭脂扣》裡走出來的梅豔芳。

所以她介紹的地方能光明到哪裡去呢？

Fun跟我提起這個地方已經好久了，只是一直沒有機會前往。剛開始的時候我以為這家店位處深山林內——「半九十」哪，除了要行百里之外，店名讓人感覺聚集在此的都是些退隱江湖的武俠高手，有太多滄桑的故事可說。Fun以她慣有的衿持似笑而非笑，說你想太多了，「半九十」既不在深山也不在林內，更保證不會遇到李慕白與玉嬌龍，它在中正路上。

中正路上？是的，車水馬龍的中正路上。更詳細一點說應該是中正路與自立路的交叉口，招牌窄小低調，除非刻意尋找，否則大概不會有人發現這裡夾藏著一間現代茶屋。「半九十」賣的其實是茶，尤其是現沖冷泡茶，琥珀色的光澤，甘甜沁涼。在晚餐時間也備有各式簡餐，下午則提供

作家小檔案

陳雋弘｜高雄女中教師。曾獲時報文學新詩首獎、高雄打狗文學新詩首獎、教育部文藝創作新詩首獎等。出版過個人詩集《面對》、《等待沒收》（松濤文社）。

精緻的點心，適合品茗時享用，店家極度推薦的是手工黑糖饅頭。

那天剛好寒流來襲，寒流像一頂厚厚的帽子，戴在這個城市的上空。Fun則圍了一條繽紛的圍巾，臉上有難以猜測的表情。Fun總讓人猜不透她腦子裡在想些什麼，有時看起來那麼天真，有時又是那麼憂鬱。有一晚我們相約在小酒館裡醉生夢死，Fun突然提議要抽菸，雖然我內心驚動卻也故作鎮靜，淡淡說好啊。她起身轉向吧台，隨即要來了打火機與一包英式淡菸。這牌子的香菸含蓄而修長，Fun用指尖輕輕把它夾著，任憑火苗隨著意識忽隱忽現，在幾乎全然暗黑的空間裡圈圈燃燒。煙一吐，我與Fun沒有一句話，那時她臉上就是這種表情。似笑而非笑，混雜著天使的矜持、魔鬼的調皮。

後來經常相約喝酒抽菸，話不多，每每把疲憊無聊的生活戲謔得更加疲憊無聊，日復一日呵。於是當我走進「半九十」時，

【座標小導遊】

座落於高雄中正路與自立路交叉口的「半九十」茶屋，隔壁是藝品畫廊，二樓的晚上則經營一家低調奢華的「MARSALIS BAR」爵士酒館，現場有女伶駐唱，歌聲低沈醉人。這三家店都屬於同一個老闆開設。

上圖：半九十外觀。

右圖：送上仿再生紙製的點單，首頁即說明了店名的由來：意喻行百里者常於身心最疲憊的九十里處，放棄了目標。我們希望在剩下這十里處，為客人奉上一杯好茶。

走入「半九十」茶屋，彷彿抵達另一個桃花世界。裡頭空間不大，適合獨處、也適合三五好友小聚聊天。店裡備有各式茶葉，以及手工熱食點心。整體氣氛幽深而靜謐。

想說Fun是轉性了嗎？竟然喜歡起這種平淡如水的滋味。雖然如此，我還是在這裡嗅到了Fun的風格，即使是中午時分，店裡也昏昏沈沈，每個人稀薄到像是自己正在發呆的影子，門一關上，時間整個被吸走了一樣，外頭城市的喧囂，成為清淺幾筆、一幅極淡極淡的落地水墨。

我點了「一期一會麵線」，光這名字就充滿了離別之情、祝福之意。「一期一會」，邀約必定相見，卻又互不瓜葛。後來知道這份簡餐是素食，我向來就討厭素食，沒想到入口辛辛辣辣，倒是別有一番風情。特別是搭配的兩盤漬菜，醃筍子與涼拌洋蔥，同樣讓人出乎意料，有見面時的相惜，也有轉身時的瀟灑。忘記Fun點什麼了，她隨手翻閱著報紙，專心但話不多。她剛燙好的髮絲，為天空招來了水墨雲影。

我也沈浸在自己的世界，我甚至懷疑這個世界到底存不存在。「半九十」讓人想起中國的傳奇〈枕中記〉。有道士見旅中少年，授之以枕，少年於夢中經歷了一生的富貴榮華，終因年漸衰邁，死於病榻之中。少年欠伸而悟，卻發現房間角落蒸到一半的米飯甚至還未熟透。我又想起了醉生夢死，做了夢的茶是酒，酒醒來又成為了茶。突然想跟Fun講些什麼，卻又收了口。老闆端上一盅冷泡茶，說要趁時品嚐，甘甜一過就要轉為苦澀，原本晶瑩剔透的顏色也要黯淡無光。改不了喝酒的習慣，我和Fun即時捧杯又輕輕對敲一聲，把瓊漿玉液或者穿腸毒藥通通吞了下去，沁涼的低溫瞬間滑過喉嚨，竟也有燒灼的錯覺。

不得不說，店裡放的音樂實在太好。後來忍不住跟店家詢問，他拿了一張看似自製的專輯給我，主唱人叫「高閑至」，播的是他翻唱的國語老歌。正聽到〈情人的眼淚〉，外頭開始飄起了細雨，像是無情又似有意。專輯上還有〈月滿西樓〉、〈重相逢〉、〈魂縈舊夢〉、〈意難忘〉〈不了情〉等等，幾乎每一首都讓人在生死的邊緣，落魄失魂。這位「自彈自唱自畫」的音樂人，除了製作了大量關於九份的茶歌之外，其餘都萬分神秘。「半九十」老闆稱他為高老師，看著手工繪製的專輯封面，樸實又溫暖，想應是美工設計出身，而專走少數路線的獨歌者。

說獨歌者絕不為過。高閑至的歌聲聽著聽著很容易讓人失神，掉進自己的深淵。除了一把吉他，高閑至的音樂是全然沈默的，他的歌聲如此透明，像汗毛上的億萬

「一期一會麵線」佐漬菜二式，屬素食，味道清爽宜人，多蔬菜與菇類；另外也有飯食簡餐，但都只有晚上以及假日才有提供。

雨珠同時蒸發。你會誤以為歌曲已經停了、甚至忘記有這麼一張CD正在播放，然而下一句又從極遙遠極遙遠的異地他鄉傳來。也許那是在時間之外，一個我們常常想起，卻總是回不去的地方。我在這裡坐了整個下午，從一點半到六點半。Fun有時翻著報紙、有時換成雜誌，細雨停了又下、下了又停，寒流籠罩著外面的世界、我們的心裡。盤踞不去呵，一種說不出來、只好用沈默歌唱的聲音。

播完了國語老歌，又換了像是梅蘭芳之類的傳統小調。聲音像一條銀絲，細細尖尖，似有若無地吊啊吊的；後來又換成了極簡單的鋼琴曲子，以及其他許許多多聽也沒聽過、說也說不出來的CD。這裡似乎在時間之外，什麼都極老極老，什麼也都好像不會老去。

Fun與我對坐著，沒有要走的意思。我們拿起了黑糖饅頭，純手工的、極有嚼勁。咬著咬著，平淡的滋味卻也在口裡慢慢化出了甜味。行百里，半九十，我們要走到哪裡去呢？老闆說旅人行百里累了的時候，在半九十之處歇歇，將為他奉上一碗茶。目的地就在前方，卻可望而不可及，我們在此對坐，也許就是地老天荒。

上圖：店裡寄賣有高閑至的CD專輯，分閩南與國語老歌。平時偶爾也會舉辦一些藝文活動，高閑至本人便曾親自到此獻唱。

左圖：店裡收藏了許多藝文書籍，包含美術、哲學、歷史、文學、旅遊等等，在低矮的小茶几上，也備有高雄市各種即時的藝文資訊。

【歷史小檔案】

半九十茶屋——鄰近高雄捷運美麗島站，中正路與自立路交叉口。取名「半九十」，語出《戰國策》：「行百里者，半九十」意指一般人行百里時，常於九十里處放棄，主人希望在最後的十公里，為客人奉上一杯茶，貼心態度由此可知。半九十屬於「步道」系列的分店，另外還有「Marsalis爵士酒館」、「步道咖啡」、「Little Green啤酒館」，都是鬧中取靜、風格別具的餐館。

寫給R，前鎮高中站的鐵道河道之行

文 徐嘉澤

從捷運前鎮高中站一號出口出來，順著凱旋路左走，鐵軌就在咫尺，靜靜的你可以讓鐵軌陪你一段或繼續，前方有個原住民主題公園，裡頭有木雕的裝置藝術十分搶眼，風從河道吹過，愛狗人士帶狗散步，一副悠閒的午後時光於此成型。過中山路到達前鎮高中站二號出口，順著分隔縣市的河道走，有高低成山的貨櫃就在河道對岸，恍恍，有了北海道金森倉庫的錯覺，坐在河岸旁，就能感受異國風，夜晚，燈光亮起，河道又是另一番風情。

親愛的R，母親曾說年輕在前鎮加工廠工作時，見巨大木頭飄流於河道，似有百千艘小筏在水面上悠悠蕩蕩，時光那麼一盪，就把母親過去的光景拋得老遠，等回過頭那片景物早就不在，但記憶中的那些卻不會被抹滅。

前鎮這個地帶早期是加工地帶許多女工和工人往返工廠如蜂蟻，創造高雄繁榮時代，母親口中的前鎮早就被時光掏洗得很乾淨明亮，但空氣中還是漂浮著點舊式的氣味交雜著新時代氣息。查了相關資料知道前鎮河早期是「台灣夾板公司」將運送來的原木送至挖掘出來的水池浸泡，母親說嫁給父親前那「杉仔池」還在，後來怎麼消失的？就如同人生中許多景色一樣，當你認真回想那些就已經不存在了。就如

作家小檔案

徐嘉澤 | 1977年生，高雄人，屏東師院學院特殊教育研究所畢，現任高職教師、耕莘青年寫作會成員，作品曾獲時報文學獎短篇小說首獎、聯合報文學獎散文首獎、國藝會創作出版補助、高雄文學創作補助等，著有短篇小說集《窺》（基本書坊）、《大眼蛙的夏天》（九歌文化）、《不熄燈的房》（寶瓶文化）；散文集《門內的父親》（九歌文化）；長篇小說《類戀人》（基本書坊）、《我愛粗大耶》（基本書坊）、《詐騙家族》（九歌文化）。

【座標小導遊】

從捷運前鎮高中站1號出口出來，順著凱旋路左走，鐵軌就在咫尺，靜靜的你可以讓鐵軌陪你一段或繼續，前方有個原住民主題公園，裡頭有木雕的裝置藝術十分搶眼，風從河道吹過，愛狗人士帶狗散步，一副悠閒的午後時光於此成型。過中山路到達前鎮高中站2號出口，順著分隔縣市的河道走，有高低成山的貨櫃就在河道對岸，恍恍，有了北海道金森倉庫的錯覺，坐在河岸旁，就能感受異國風，夜晚，燈光亮起，河道又是另一番風情。

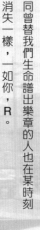

同曾替我們生命譜出樂章的人也在某時刻消失一樣，一如你，R。

如果以前鎮高中捷運站為核心，往四周擴散有幾個著名地景和美食不可不知，如位於二號出口左轉五甲路，前行約莫三分鐘路程可見「阿石烤鴨」，生意門庭若市，若不早點排隊則大排長龍。除此美食之外，鄰近的推薦景點有河岸貨櫃、原住民公園、前鎮河岸自行車道以及舊鐵道等地。R，這些你都曾聽我叨絮過許多回，那麼你是否也在腦海地圖中把那些擺放正確，如果沒，讓我再為你輕訴該如何認識我熟悉的地帶。

出國旅遊，很多人常把日本考量在裡頭，而北海道有夏季的薰衣草花田、冬季的雪景，小樽因為有河道加上玻璃工藝增添她的美景，加上河岸另頭的金森倉庫區，見到整齊劃一的倉庫立在河岸，倒影隨水波搖晃著，所有遊客爭相在此留影。R，我也不例外，成為異地的觀光客，唯獨照片裡始終只有自己。每每從前鎮高中捷運站二號出口順著河、順著中山路往北，往遠

五甲路上有許多在地美食。

阿石烤鴨。

處有大樓的地方走，位於河道對岸的貨櫃層層疊疊，似乎要與遠方的八五大樓爭高，如果在夜色下出遊更會發現水光襯托著人工光景，把高雄襯托得更加迷人，無論晨昏夜景各有不同迷人之處。而此處除了人行步道還有親水階梯，成了一般民眾休閒的景觀親水公園。R，我總在此時想到你，想著如果你還在我們可以做更多，但此刻，我還是只能以照片紀錄此時此刻的高雄面貌，或許，又在某個不經意時候才又發現城市又換了風貌！

怎麼認識一個城市？是不是最光鮮亮麗的就一定是最迷人的？

或許找個安靜的點好好進行一場散步，是我們可以重新認識城市的方式。

有些城市風貌好比私房菜，總要熟門熟路的人來帶，才能更有感受，靜看河岸風光，再順著鎮海路左轉前行，便可以到達原住民主題公園和前鎮河岸自行車道。原住民主題公園位於翠亨北路，裡頭有寬闊場地還有精緻特別的雕像和裝置藝術，是高雄市政府為了推廣原住民文化、讓更多

民眾了解及認同而設置。另外，順著前鎮河與翠亨路交會處，可以乘著風踩著踏板往前鎮渡輪站，單程三公里，如果沒有自行車對腳程有自信的人，也可以挑戰看看，到了終點可以搭乘前往旗津進行另一場探險或是再漫步回程。R，我總在想到你的時刻，把這些景色一遍又一遍走過，不斷拍攝著日復一日的照片，似乎等待你出現時，用照片重現替我說出當時想念的心情。

R，最後順著翠亨北路往南，道路左側有鐵軌，此為高雄臨港線舊鐵道，藏身在兩側樹叢之間，無論從中山路或翠亨路都會輕易略過這風景，有些景致只有用雙腳才能感受，順著鐵道行走彷彿走在時代的軌跡上，那些鐵道安靜地陪前鎮度過了數十年，他們不吵鬧不爭功，如今卸下任務似乎靜默在此養老，如果他曾經陪過前鎮一段，那麼現在換我們陪他一段，從原住民主題公園往南順著鐵道，看看有多少力氣，累了還有造型可愛的小椅子可供休憩。

是的，親愛的R謝謝你陪我走過人生的一小段，我似乎擺脫不了你留置在我心底的軌道，如今，只剩我一人來回走，或許會隨著人生開始在軌道旁蔓生枝葉，最後，你的一切也會被掩蓋在樹叢裡。

曾存在的固然消失但並不代表美好事物也跟著消失，美好也不斷被締造出來，甚至某些歷史片段也被小小的保存下，選個好天氣進行個徒步探險或是「散策」，也就是用「心」散步、發現生活細節，在這城市慢遊或許可以有全新的感受。親愛的R，我紀錄這些，給你也給這城市裡的漫遊者。

原住民主題公園中的大型雕塑「傳承」。

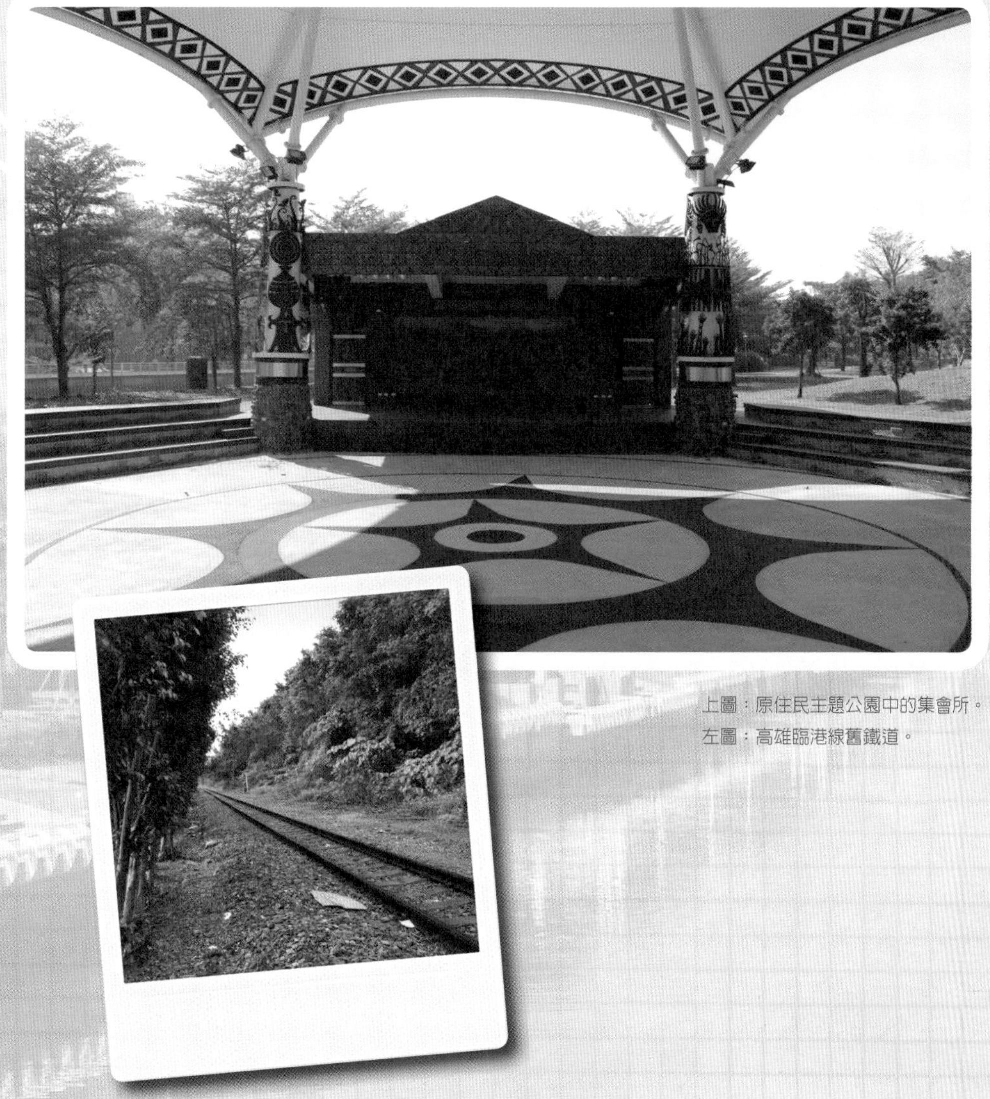

上圖：原住民主題公園中的集會所。
左圖：高雄臨港線舊鐵道。

複遝的記憶——哨船街住所和其他

文 米爾

我有點忘記那天我們第一個拜訪的地點是那裡，甚至三年前的冬日，我是基於什麼因素和透過什麼線索才找到這裡——讓我暫居兩個月的住所。那時，我的機車踏板上放了簡便的棉被和行李，從大寮鄉越過交界處山頭，穿過小港，沿著中山路後左轉五福路，直到停滿船舶的街道。

那天下午，車下了中正路交流道口，一路順暢地沿著既定行程前進，除了夾帶少許久別重逢的感傷，但南台灣的太陽一向比北部溫暖和明亮。

停好了車，在鼓山國小前馬路，工程仍在進行，為了捷運或者什麼之類的建設，在馬路四周掀起柵欄。

剛過了中午，正是用餐時間，有時候我慢慢地從住處下樓，要是前天下午沒有運動，便會散一道長長的步，經過中山大學入口處的隧道口，或許還得閃躲著路上錯過的行人，假裝自己不那麼落寞，和練習獨自的腹語術。或許就是為了走到那家便當店，點一份雞腿飯，配著桌上的辣蘿蔔丁下肚。

那便是我第一個收集回憶的地方。當然我多麼想避免一個接著一個點名，在我匆忙編纂的記憶名冊裡：劉江便當、代天公廣場、武德殿、住處對面的小吃攤——兩三個銀髮歐巴桑料理著簡單的吃食、巷口的水餃店，等等。

三年前來到高雄，總給我新與舊正在不斷交替的印象。那時候捷運正沿著中山路底下地道而

作家小檔案

米爾｜曾獲2006年高雄市文學創作散文類獎助計畫。喜歡任何溫暖的東西，舉凡冬日傍晚的一碗魚湯、哨船街的回憶，和高雄的空氣及人情。

【座標小導遊】

哨船街——位於鼓山區，瀕臨鼓山渡輪站，高雄早期開發之地，鄰近豐富自然及歷史人文景觀。

從登山街向下遠眺整個哈瑪星地區。

建，兩旁荒廢的屋舍以及建築物，和因為施工而流失客群不得不停業的商店。如今在原來的位置，還找得到一些三年之前的空氣，殘存在新穎寬敞的人行步道後方。

在登山街，穿過舊時記憶和時光，時間在那條巷子，以極緩慢的速度被拉長，以致三年後的我重新回來所看見的街景，和那時並沒什麼兩樣，除了新整修好的武德殿，仿照日本劍道館般的內裝，以及巴洛克山牆和「唐破風」形式的波浪形屋頂——雖然我對這段華麗的說明有點不求甚解。中午，沒什麼人看守以及等候，除了殿前述說著歲月的老樹，在它自己的胸前垂掛了許多眾人的願望，那塊地方，有個響亮的名字叫：祈願繪馬奉納所。

武德殿對面鼓山國小的圍牆，裝飾著古銅色調的石材浮雕，敘述鼓山旗津一帶的歷史建築和景觀。在這個場域，沿著平凡街道沿街的文化造景，的確落實在人們的生活之中，但他們幾乎不太駐足和停留，去凝視一段說明，一些符碼，一面關於幸福城市的想像。

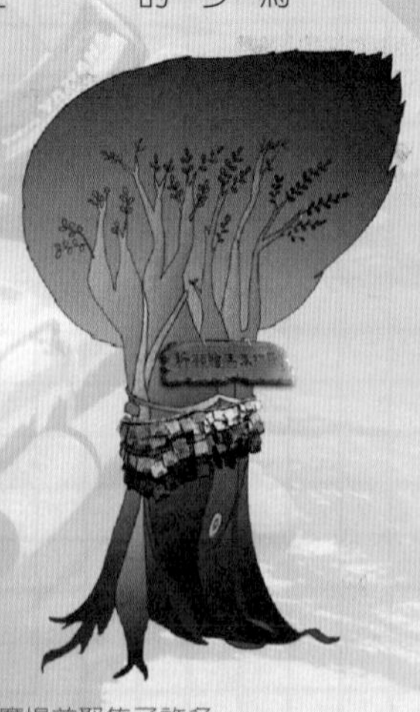

代天宮廣場前聚集了許多地方小吃。

實惠美味的劉江便當，雞腿飯是老饕的最愛。

因此我更樂於窺視尋常人們的面貌，走入其中。

沿著哨船街旁的碼頭步道走去，停泊在岸邊的白色和藍色小船，隨著波浪輕微起伏搖擺，湊近一看有簡單的生活用品器具，和棉被曝曬在船上甲板，中段處兩三個賣魚的小販，除了和熟識的人們閒聊以外，連我們都懶得搭理，或許今天不是星期假日因此較少遊客來訪，或許。

偶爾會想起先前住在這裡的日子，夜裡，從窗外傳來渡輪或者船隻交會時的氣笛聲，我不曉得哨船街的名稱是否因此而來。躺在床上的我，數落著被氣笛聲輕易喚醒的寂寞──它是多麼容易被外在的事物影響。

走近昔日住處，老社區仍在等待改建以及蛻變的印象，還籠罩著今日我的目光。號稱開臺第一間的土地公廟就在不遠處，三年前類似，仍然是亟待改建的鐵皮屋造型。街角養著十幾隻流浪貓的老婦，以及賣吃食的歐巴桑小店，已經不見蹤影，另有一條「打狗英國領事館官邸景觀步道」，沿著原本熟悉的小巷，和新建的學生出租套房公寓旁，蜿蜒而上的小徑。

順著步道而上，兩旁的雜草似乎自落成之後便再也無人整理。途中經過幾處廟宇或者荒廢的民宅，和不合時宜的腳踏車軌道——陡峭的坡度注定覆滿了灌木落葉和叢生的草本類植物葉面。

在英國領事館，兩團來自大陸的觀光團外，本島的遊客似乎只有我們。導遊對著陸客解說著海面上高雄港景色，和85大樓矗立的景點。在建物裡穿梭原本關押犯人的迷宮地形，陰鬱昏暗的房間，只剩下雜遝的說話聲招呼著：男生洗手間在樓梯轉角；一個小時後在原本上車的地點集合。

我們先行離開了。在那裡，除了原先用來拍照留念的十分鐘外，剩下的五十分裡頭，他們還能記得更豐富的什麼？

走向西子灣階梯底下，仍然有九評的宣傳車，在宣揚著大陸政權即將崩解的訊息，一如當年不變。

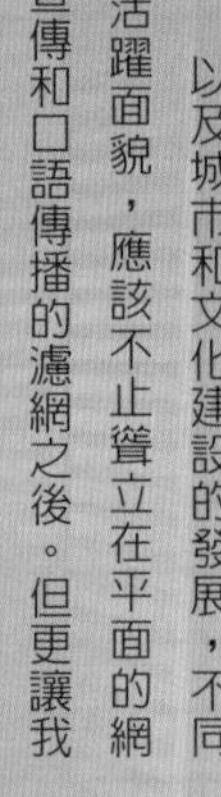

一開始臆想著這裡，將會改變許多，隨著大量觀光客到來，以及城市和文化建設的發展，不同的活躍面貌，應該不止聳立在平面的網路宣傳和口語傳播的濾網之後。但更讓我驚訝的卻是，它的始終如一，遠大於它在硬體建設的改觀。一座連接哨船街和濱海二路港區之間的跨橋，確實讓步行的遊客便利許多，一些文化印象和概念的營造，確實讓人迅速地感受到歷史的集體正在周遭。但或許是我太過吹毛求疵，或許是我來得不是時候，總覺得三年前還可以感受到些許的活力，一點一滴地消弭在鼓元街

登山街

鼓波街

或鼓南街穿梭的途中，或是代天宮廣場午後靜謐的時光裡頭。

即使我把腳步放慢一點，把目光凝聚在麗雄街上水泥建築的老厝，或是五十年歷史的老店旅社騎樓底下，斑駁的霓虹燈燈具，依然讓我意識到時序接近傍晚的昏暗天色，透著微風的空氣，和鄰近住家料理晚餐的氣味撲鼻而來。

身旁的她，是個道地的高雄人。帶我尋訪她印象中美味的食物及佳餚，在鹽埕區的大成街巷弄裡的那家台式壽司店，點上一兩份日月蚌和生魚壽司，或者五福路上那間她認為全台最好吃的小王子麵包店，買些棒狀的白麵包，在帶往晚上投宿飯店的途中，在我的回憶複逕了一天之後，是屬於她這個老高雄人，類似的尋訪時刻。

老王壽司

【歷史小檔案】

據《鳳山縣采訪冊》：「稅務司，在大竹里哨船頭（打鼓山麓），縣西十五里，屋十四間，同治八年（1869），英商張怡記建。」故哨船街開發歷史至今約150年。

私廚味蕾，三不五時就想找馬里斯

文 王信智

沒有明顯招牌，沒有固定菜色，沒有每天開放。沒有交情，就無法享用為你（妳）量身訂製的食肆。

這樣聽起來也許讓人覺得好大牌。但是，絕對保證，吃下肚子裡的，完全來自於廚師的靈魂。

試想，我們吃進多少機器製造的食物？我們吃進多少真空料理包？我們吃進多少沒有用「心」料理的感動？

食物是有能量，有靈氣的。小時候媽媽的便當菜，雖然可能是隔夜的，葉菜可能發黃，但看見排列整齊的佳餚好好鋪在白飯上，絕對是花俏自助餐比不上的。

我，三不五時，就想找馬里斯。

作家小檔案

王信智 Kiefer Wang ｜ 作家、生活家、創意人。誠品好讀選為六十年次（1970-1979出生）代表中文作家之一、波西米亞作家代表，出版書籍十餘本。與時尚、設計、飲食、有機等國際品牌多次持續性跨界合作。現任高雄飲食空間《Seagull Lost Bistro回家吃飯吧》藝術總監暨行政主廚，並獲邀至國內重要藝術設計展覽，及各式派對與活動設計花藝及外燴飲食籌劃。

本日餐，成為全世界明星廚師的絕佳表現。絕非印象中的本日特價商業午餐。

全世界各大城市的餐廳因為經濟蕭條的關係，食材購買除了要節省成本更要講究新鮮，許多頂級廚師開始經營趨向完全的個人化風格。

這代表著可能要認識廚師，或是由熟客推薦，預約訂位無法奏效，要求看menu更是想都別想。其實有點類似日本高級料理的師傅，對待熟客的基本禮儀，以及現場切割生魚片的究級表現。

私廚和分子料理是現在的時髦話題，當廚師與科學家成為好朋友，第一步就是將所有帶有空氣的細緻泡沫帶著巨大的震撼力，轟炸味蕾。（是很眩，確有可能不感動。）

其中，最令人驚異的「Mousse慕思」，為什麼能夠改變全世界的美味標準？答案就是裡面的空氣。打發泡沫只要能以科學家研究出的速度旋轉，將氣味以精確的算式注入食材，將會有不可思議的口感呈現。

「Mousse慕思」中的空隙也成為各界的趨勢。從美容界來說，洗臉慕思所含的有機物質可以較高，也是因為空氣讓有機物可以繼續生存，而不是死去。（植物在有空隙的陶盆中，根的伸展空間變得更多。）

這些改變生活經驗空隙的分子式，到底是怎麼組成的？也許現在還是商業機密。不過，即使我們知道，也很難了解。

丟掉時髦的分子料理學。我寧願保持和馬里斯之間的美好空隙。帶著基本的禮貌到他家吃飯。

私廚，典型的私人廚房，設在一個普通的公寓，座位數通常小於十個客戶。甚至沒有政府的營業登記許可證，沒有明顯路標，廣告通常透過口耳相傳。如何找出私人廚房？能不能在電話簿中查到預訂號碼？

在一個像是家的場域，可以明顯發現大廚的美感經驗，提供令人興奮像是餐廳品質的氣息，就在窩在自己的小屋一樣舒適。

【座標小導遊】

馬里斯藝廊空間
3不5時香草廚房
兒童藝術教室
地址：高雄市鼓山區美術北1街81號
電話：07-5222291

沒有什麼比一個偉大的晚餐派對偉大。增進親密關係，隱私兼顧。專業的私人廚房精緻晚宴，甚至可以邀請大廚到家烹煮，甚至在度假小屋、遊艇、飛機吃到感人食物也是不無可能。

假如大廚願意，量身訂製是完美服務的重要特色，依照選擇場合和設計菜單，滿足獨有飲食口味。優質葡萄酒、香檳、夾心麵包、雞尾酒、生日蛋糕，確保存在於這裡的時刻是極致完美的。

但是，馬里斯絕對不是一個高調的廚師，他是一個友善的藝術家，也教小朋友畫畫。

透過創作，可以為每個人的生活帶來最簡單的快樂。無論生活多困難仍要堅持夢想，期望讓「兩歲到八十歲的人都喜歡我的畫」，「讓全世界的人看到我的畫」馬里斯說。

創作的靈感與養份來自於與人接觸，因此他的藝術總是貼近於生活。擅長以簡單的線條與造型，表達人們共有、但又深刻的

情感，創作皆以動物為主角。馬里斯感性地說，動物是人類的朋友，更是人類反應自我最好的鏡子。動物角色能超越現實，容許更多天馬行空創意想像。

馬里斯對顏色運用自如，宛如萬花筒般豐富，但又不教人暈眩，充滿似曾相識的熟悉感，撫慰人心。手工描繪的質感，有著樸實易親近的特質，建構起一座心森林。當飛馬先生捎來這趟旅程的信息，請不要猶疑，就讓我們跟著小貓嚮導，暫且遠離都市水泥叢林，和小動物同伴們，在森林裡漫步，沈澱洗滌忙碌已久的心靈。

今年是馬里斯創作邁向十年，我是如此榮幸可以遇見這位私廚藝術家，交情雖尚未深入，卻逐步升溫。

我也是某些朋友的私廚，卻不想刻意說和馬里斯是什麼姊妹店，兄弟店，什麼分店什麼莫名其妙連鎖店。

如果一定要說兩店關係是啥，不如說解語花，或是彼岸花好了，因為我們總是隔岸看花支持彼此的想法。

總之，想回非爸媽家吃飯，我們這兩個家，除了有心食肆限量供應之外，還有日常莫名其妙，不需理由小情緒裝置，像是發芽的洋蔥，有點亂但是好看的樣子。

不過份熱情打招呼，不虛假積極閒嗑牙。

對了。我一定要說說自己喜愛的菜色。

擅長使用新鮮香草料理異國迷醉菜色的馬里斯，讓食物充滿如畫作般夢幻氣息。親新療癒的普羅旺斯燉菜、迷迭香牛肉串、嫩煎微烤雞腿、檸檬香茅茶，是我最近吃到的欲望料理，因為下次有可能吃不到。

要是你（妳）有幸吃到，請記得說聲感謝，因為，我可是抱著沒有下一次的心情，細嚼吞嚥。

【歷史小檔案】

馬里斯的繪畫生涯長達十年，從剛開始一張五百元售價，一直到現在有人花幾萬元收藏他的畫。愛畫畫的他其實也曾想過放棄，家中的負債讓他萌生當廚師賺錢的念頭。在討債者的騷擾之下，馬里斯果真的放下畫筆，到山上的香草園工作，準備當廚師。

一個月過去，繪畫的熱情越來越高漲，他說：「連作夢都會夢到自己在畫畫。」掙扎許久，他終於接受自己無法放棄繪畫，再度拿起畫筆創作。這段挫折與抉擇的過程中，馬里斯認識了上帝，找到精神上的支持，讓他很快的從低潮中恢復，努力振作並積極解決問題。

還好，他也沒有放棄料理。

面對大海的情話——興達港情人碼頭的悠閒與浪漫

文 傅怡禎

多久沒和海洋對話了？

南國的鄉民——

行走在海濱的木棧道上，不自覺地放慢腳步，那是一種都市所沒有的悠閒，清風悄然掠過海波，輕輕SPA每一個疲累的身軀，柔和的節奏與觸撫，全是那麼的歐洲。陸地所延伸出的海岸線，將整片湛藍抱個滿懷，佇立在幅員遼闊的大港灣，視線遠到和夕陽一塊落在海天深處。

聽說，閒坐在這條人與大海共同打造出來的濱岸長廊，收集清晨、午後、黃昏與夜晚等不同時段的迴異風光，會產生百分百的幸福感。聽說，步上高樓，採擷初春、盛夏、晚秋與暖冬的美麗景緻，便能瞭解所謂的詩情畫意是何等的快意人生！撐靠在海上劇場的欄杆上，一切已然遺忘的美感經驗，就在海灣的不經意處，悠然浮現出浪漫的波光。

多久沒駐足欣賞公共雕塑？

南國的鄉民——

雲沒說的心事，夕陽替它傳達；人沒完成的承諾，烏魚接替進行。高雄第二大港興達漁港除了是著名的魚貨集散地，更是全

作家小檔案

傅怡禎｜男，1967年出生於屏東，文化大學中文博士，現服務於大仁科技大學，並擔任阿緱文學會、台灣文學創作者協會理事。喜歡新詩與小說，曾獲打狗文學獎新詩首獎、大武山文學獎、台北文學獎、林榮三文學獎、宗教文學獎等，並著有《五〇年代台灣小說中的懷鄉意識》、《幽然想起》、《理論、現象與批評論考》、《挑戰大敘述：1979—1987台灣政治小說研究》、《中華文學三十二講》（與李虹叡合著）等書。

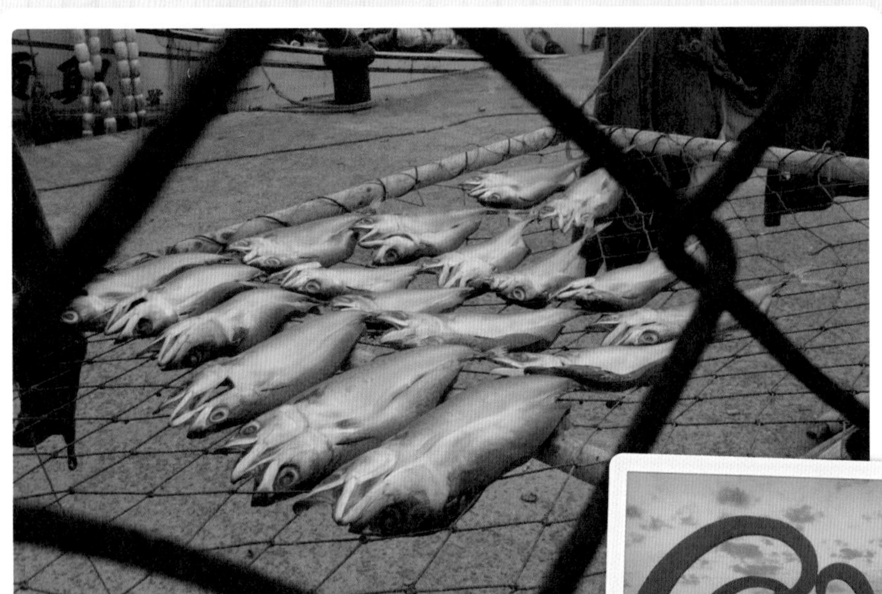

上圖：漁民在漁港邊曬魚乾。
右圖：情人碼頭的心心相印廣場。

臺最大的烏魚產地，有著「烏金」美譽的烏魚，除了給足漁民的日常需求，也豐富了漁民的勞動想像。據傳每年魚季，烏魚一定會準時回到茄萣與漁民相會，就像堅貞不渝的戀人一般，不論生死信守誓言，所以當地人稱烏魚為「信魚」，既象徵茄萣人與海魚的特殊情感，也從而衍生出動人的愛情故事。

從海濱木棧道彳亍走過薄膜風帆亭、魚造型路燈、露天咖啡館之後，便進入情人碼頭的主題與精神所在——心心相映廣場。大、中、小三層次的心型金屬雕塑，正對著斜照入海的方向，色澤則屬於青山所擁有的翠綠，不論是黃髮垂髫、熱戀情人或三五年輕好友，若不伸手摸摸雕塑、到拱門中擺POSE狠拍，實在很難說服別人或說服自己曾來過情人碼頭！這也是公共金屬雕塑，略遭破壞的主因吧！到了黃昏，坐在廣場中央，靜待滿天彩霞簇擁著夕陽進入到摯愛不渝的心型拱門時，那種藍、綠、紅、白所揮灑的永恆，是有情人終成眷屬的契合，也是畢生難忘的悸動。

多久沒聆聽青蛙的和鳴？
南國的鄉民——

連大都市都缺貨的蛙叫蟲鳴，誰曉得在一個風帆點點、燕鷗翔集、縠波如紋、風光如酒的碼頭裡，竟能準時上架，夜夜傳出一池子的天籟！天色黯淡之後，大小風箏陸續自天際撤退，人群也呼老喚幼準備踏上歸途時，只需躡足禁語，往服務中心與造型廁所後方的生態公園靠攏，便可在充滿鹹涼的氣息中，聽取這一片蛙聲。

自園裡觀賞亭或步道橋上往下探望，隨風擺動的長草到處叢生，掩蓋了大半水池，使得原本可憑欄欣賞水中沉璧或波光瀲灩的地方，頓時變成黑壓壓的低窪地。看似儀容不整的生態池，由於多了道遮蔽效果，竟意外升格為少人聞問的蛙蟲天堂。忙著回家的遊客，往往錯失這樣美好的黑暗時光；只有不急著趕路的閒人雅士，才能擁有海景蛙鳴的驚奇體驗與完整回憶。

上圖：興達港情人碼頭。
左圖：情人碼頭的黃昏景致。

多久沒和海洋來一場文學對話了？

南國的鄉民——

「北漁人碼頭，南情人碼頭」，或許是受限於茄定純樸的民風與偏遠的位置的影響，又或許是政府後續發展經費的不足，原本熱鬧登場的新景點，足與淡水相抗衡的重量級地標，如今漸趨沉寂，只在例假日時刻，才湧現一對一對情人與一個一個家庭，讓絕美的空間再度活絡起來。

在我心中，就算趣味礫石灘長滿雜草，就算咖啡館不再飄香，就算音樂演奏會、情人橋商店街、填海造飯店夢陸續消失，就算，就算，就算最初光芒四射的舞台逐漸暗淡，情人碼頭還是如剔透的精品，散發屬於南部海洋的獨特魅力，並不時觸動我的文學神經。好多年前，沒課的下午，時常從高雄沿著台十七線北上或走三號國道左轉台二十八線造訪熱情有勁的情人碼頭，那種一次比一次享受、一回比一回喜悅的經驗，終於敦促我創作〈情人碼頭獨語〉詩，完成心靈與海景的文學對話。

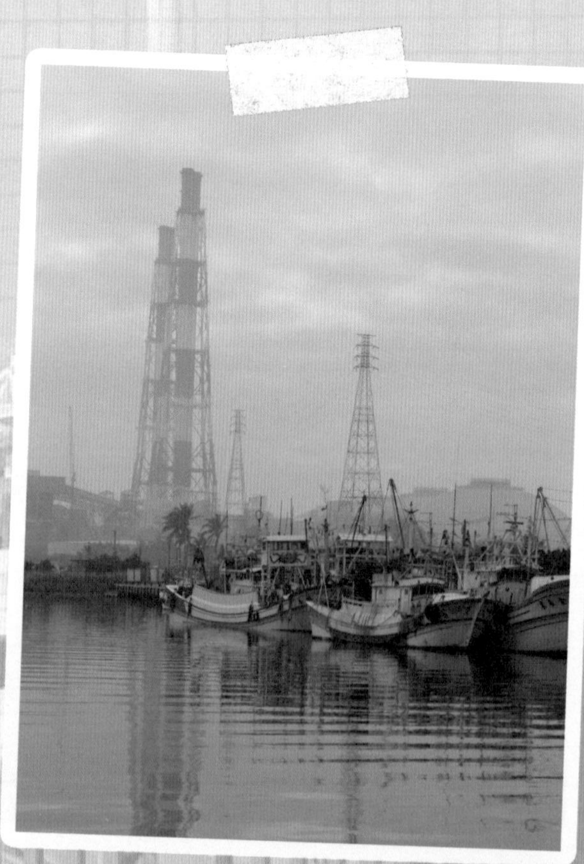

興達港一景。

〈情人碼頭獨語〉

已習慣了一陣子／沒課的午後／背著一袋寧靜的天／繫上幾片乾淨的雲／再拎著一壺溫柔的心情／來到心心相印廣場／布置出一人份的風景

喜歡坐在正中間／從層層相疊的雕塑裡，欣賞／左擁右抱的港灣／越來越溫柔的太陽／溢出海岸線的波浪／以及被燕鷗偷偷叼走的／時光

浪花輕得跟什麼似的／大海隨手一揚，便將它帶起／順著流光／魚群一溜煙游了過來／游到風車上，游到路燈上／來自遠方的，張大嘴巴／準備回答關於黑潮的相關問題／來自港灣附近的，尾鰭之間／還殘存著興達漁市的叫賣聲

一整排的涼亭，緩緩伸出／薄翼／才一眨眼的功夫／已暗中變換了好幾個／陰影的姿態／戴上墨鏡，世界只剩我和大海／三月的溫度很南方／大海搖了搖頭／仰天打起了長長的呵欠

卸下墨鏡，海從眼睛開始藍起／愛流浪的風，逗留耳邊／模仿祖先最後的嘆息／這麼美的大地是不能被破壞的／我的馬卡道／幾百年來不為人知的滄桑軼事／只憑幾陣呼嘯與幾朵浪花也訴說不完／波光粼粼，盪漾出天空／最深層的憂鬱

忙了一天的海洋／慵懶地攤在腳下／意猶未盡的太陽／兀自抓著七彩線，到處展示／掙扎得比風箏還要累的彩霞／突然一陣涼意／整個海濱陷入大規模的沉思之中

路燈喚醒了夜晚／太陽也準時收了攤／捨不得，還是得離開／於是，打包風景、打包寂寞／打包持續喧囂的碼頭／就連吃了一口的月亮，也順道／打包回去

和動物一起散步

文 夏夏

有多久沒和動物一起散步了？

這段時日，巷子裡來來去去三隻貓。

起初是一隻深色斑紋貓，身長腳長，不像一般野貓警覺性高反而親人。喜歡望著人的眼睛喵喵叫，一面還靠上前來討人撫摸，令人不住地把好吃的通通端出來。鄰人給牠起名「愛愛」，一隻渴望被愛的貓。

又一陣子，愛愛不知野去哪裡求愛，好些天不見蹤影。

直到有一天，回家上樓時聽見連聲貓叫，急得像在催討什麼。是風流的愛愛回來了。較之以往更熱情，全身在陽台四處磨蹭想留下氣味，一聲催一聲的嚎叫好像久未見面的老友急著話家常。

不對，再仔細一看，愛愛怎麼瘦了一圈，臉也小了。喵喵喵，小小的腦袋直往人的掌心鑽要人摸。原來牠不是愛愛，又因為身型較小，喚名為「小愛」。

小愛每日鎮守巷間，見到居民要出門或返家立即大呼小叫，迎面而來。嬌小的身軀穿梭在腳畔，修長的尾巴豎得又高又挺，直勾人腳。

MONKEY

MONKEY

作家小檔案

夏夏 ｜ 高雄出生。從事寫作及其相關，並參與裝置、劇場創作。

壽山上的小獼猴（攝影／張茵嘉）

沒多久，家家戶戶門前都多了一只小碗，不時盛滿食物讓牠飽餐一頓。眼見小愛肚皮一天一天漲大終至令人吃驚的地步，大家才明白原來貪嘴的小愛快要當媽媽了。

沒有直條條的尾巴，卻有粗壯的麒麟尾，同樣花色的斑紋貓，但體型比愛愛和小愛都足足大許多的公貓，順理成章被喚為「大愛」。穩重的大愛用餐時會留下食物給躲在一旁不敢接近的小愛，然後一派若無其事的模樣悠哉離去。小愛吃飽後仍在巷間駐守，總樂意陪人散步一段，到了巷口才折返。

好久沒和家人一起散步。

提議去壽山看猴子。爸爸前一天就開始計畫。早年習於軍旅生涯，長途跋涉對爸爸來說不算難事，倒是我很忐忑，擔心自己的腳程跟不上。

外人對高雄的印象以海洋之都著稱，其實除了遼闊的港灣，在這片熱情洋溢的土地上還有一座孕育無數動植物的壽山（柴山）。比之名山，這裡雖算不上雄偉，但其可親的生態景觀，加上交通便捷，成為高雄人生活中不可缺的一部份。就好像多啦A夢漫畫中的大雄喜歡到學校的後山去發呆、藏零分考卷、散心，甚至是探險。許多不可思議的故事由此而生。

一座山究竟能埋藏多少秘密發生多少奇蹟？在它沉默的外表下喧騰著難以計數的芽苗，伺機演化成一場美麗的相遇。

億萬年前的壽山還是剛剛從海底升起的陸地，被廣大的海洋環繞。經過漫長的歲月，如今已形成了獨立的生態體系。

上山那天，我們自面海處出發，預計翻過山頭自背海處下山。不料上山沒多久天色即轉暗，遠處的海面被籠罩在霧茫茫的水氣中，天上的雲朵翻攪一氣，含蓄的小雨針霧般從天灑下，落手落腳處都有雨水挾帶黃土涓涓流下。眼看到的，耳聽見的，皮膚感覺到的，皆是與壽山合為一體的雨水。城市的喧囂被阻絕在山外雨外，此時山上變得無比清靜。

壽山動物園內依偎在一起午睡的獅子。

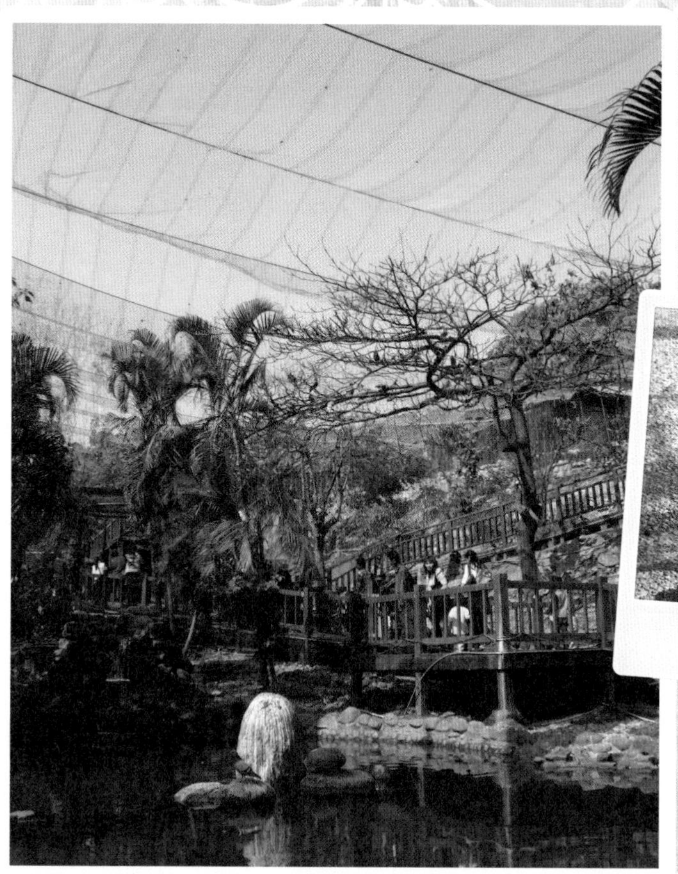

上圖：鳥園裡的大嘴鳥。
左圖：壽山動物園的鳥園。

抵達山頂，站在突立的巨岩上遠眺港灣婀娜的輪廓線溫柔地與海洋交會，時而又相激盪，久違的海洋記憶也在陣陣浪潮中一一浮現。

下山時，雙手得不時緊握粗壯的樹根，放低身體的重心與土地更為貼近，再次用身體去記憶自然的觸感。好不容易雨停，終於遇見山上的居民——台灣獼猴。不知看到全身沾滿黃泥的我，是否有令牠們覺得較為親切？

猴群在猴王的帶領下穿梭林間覓食，幼小的猴寶寶吊掛在母親腹部隨隊伍移動，年輕強壯的公猴活潑地在樹梢飛躍，或者直接坐在人們鋪設的步道上吃果子，絲毫不顯生畏。壽山也因為有牠們的守護，使上山的人們對自然多一份尊重。

又一日，與動物散步。

壽山動物園位於壽山東南，佔地大小得宜，徒步閒逛約一至兩小時可覽盡全區。

如果再多花點時間駐足在欄前，還能發現每隻動物的個性。小台灣黑熊相當得意牠的設施，不停在高高低低的平台與橫木上大展身手；紅毛猩猩對人類有強烈的好奇心；大象攀上矮牆伸長鼻子，也許是餓了，但可愛的舉動叫人忍不住想多看幾眼。

進入特別設計過的鳥園，各式各樣斑斕的鳥類在頭頂飛翔，或昂首踱步，展現傲人的羽翼，又或者在池裡自在悠游。這種近距離的接觸實在平日難得，牠們繁複又規律的花紋樣貌，濃烈的色彩令人驚嘆自然才是最厲害的設計師。

只可惜對有些動物來說，生存的棲息地日漸消失，動物園似乎是確保牠們的物種今後能延續下去唯一的家。更有一些動物遭惡意遺棄，只能被圈養在狹小的籠內等待有一天能再度回「家」。例如壽山動物園後方，往登山步道的交會處所設立的動物關愛園區，收容了遭棄養的流浪貓狗，持續等待被重新領養、接納；動物園附設的野生動物收容中心，收容的動物則包羅萬

上圖：台灣黑熊。
右圖：動物關懷之家前供奉了一尊地藏王菩薩。

上圖：動物關懷之家。
右圖：壽山動物園內的紅毛猩猩。

象。大部分是人們在一時風潮下所購買、飼養的寵物，但事後卻毫不留情的拋棄了，如兔子、蛇、鳥類等。另外也有因為不小心觸犯人類生存空間，而被舉報捕抓到此的獼猴，不知何年何月才能重返家園？

動物關懷之家的庭前供奉一尊地藏王菩薩，以慰動物之靈。下午時分，園區志工輪番牽著小狗們出來透氣，享受一天一回的短暫散步。

生產完的小愛媽媽又回來了。暫時還不知道牠把貓寶寶藏在哪裡。

小愛還是每天急呼呼地催人替牠張羅吃的，黏膩膩地向人撒嬌，陪出門的人走上一段。每天回家，剛踏進巷子，我就喊著，「愛在哪裡？愛在哪裡？」

有時候是深情穩重的大愛出來招呼，有時候奔放外向的小愛已坐在家門口等候。

鐵路新村

文 施百俊

阿公在我爸三歲時就過世了，身無分文又無一技之長的阿嬤於是帶著我爸，流浪到高雄大都市來，在火車站旁的機務段找到了一份工，洗火車。鐵路局配了一間日本時代遺留下來的破舊員工宿舍給她，室內總共六塊榻榻米大。我爸就在那考上雄中、到港務局當工程師、娶了我媽、夜裡用一面小屏風隔開阿嬤，然後生下我。

眷口增加，阿嬤獲得了分配新宿舍的資格，我們全家搬到了當時高雄最先進的五層樓建築「樂群公寓」——位於今日的長明街、大港街中間，那一整塊區域就叫作「鐵路新村」。

我的童年就是在鐵路新村渡過的。印象中，我們家的空間變得好大，三房兩廳、獨立衛浴，還有個小陽台可以種花、晾衣服。樂群公寓最犀利新潮的設計是有個垃圾收集井，由五樓直通一樓，要倒垃圾不必出門，直接丟進去就行了。由於公寓緊臨著縱貫線鐵軌，所以無論日夜，每隔幾分鐘就會聽見空隆空隆的火車聲經過，連床板都會震動。所以數十年後當「車震」這個名詞開始出現在報紙上，我還以為記者是鐵路新村的童年小友呢！

作家小檔案

施百俊 | 生於高雄鐵路新村。台大商學博士、康乃爾大學電機碩士。創辦科技文創事業數家，而立悟「謬作京華名利客」，封劍歸隱，返鄉教書至今。好打電動、妄議嘲世；寫俠寫志，樂此不疲。

得獎紀錄：第六屆溫世仁武俠百萬大賞首獎；第一屆新聞局優良電視劇本創作獎、第二、四屆溫世仁武俠百萬大賞評審獎、2010台北國際書展大獎入圍、經濟部台灣故事拼圖優選……等。已出版：《浪花》、《本色》、《小貓》、《宅經濟全攻略》、《美學經濟密碼》等。

大人說在鐵軌上疊石頭很危險，會讓火車出軌翻車——於是小朋友們最喜歡在鐵軌上疊石頭。疊好了，大夥就蹲在旁邊的草堆中等火車來。但通常過不了多久，就有巡軌員吹著哨子嗶嗶地來趕，然後大家齊作鳥獸散。（也是很後來才知道，火車頭有排阻器，小石頭根本沒影響。那個巡軌員阿伯只是追小孩玩……）

公寓對街有棵大榕樹。樹下，有一家人搭了個簡陋的木板鐵皮屋，擺兩張折疊桌，放了個瓦斯爐，就劈哩啪啦地炒菜，作起小吃攤來。鐵路工人們下了工，就叫杯生啤酒，幾碟小菜，圍坐在榕樹下吃喝；平常，三五老人就在那博暗棋、打麻將。

（每一家都一樣）我阿嬤老愛嫌我媽廚藝差，總要叫我爸去榕樹下炒兩樣來作晚餐。那時，我媽就會帶我到陽台，指著榕樹下對我說：「你看你看，他們家胎哥鬼，端湯的時候，姆指永遠在碗公裡……」

後來，我爸調職，我們舉家遷到屏東。阿嬤雖然辦了退休，鐵路局還幫她留著宿舍，那公寓就這麼空蕩蕩地閒置了十幾年。直到我自己也考上雄中，通車不便，才又孤身住回了樂群公寓……。

那時我才發現公寓原來這麼小，三房兩廳加衛浴陽台只有十一坪；曾經新潮的垃圾井沾滿了垃圾，井壁上都是黃黃黑黑黏稠著，散發惡臭的東西，簡直是蟑螂和老鼠的樂園，殺之不盡，趕之不絕；沿著鐵路有高大的圍籬，上面漆著閃電和骷髏頭，再沒有小孩敢爬進去疊石頭……惟一不變的，就是火車開過的空隆空隆聲。

上圖：長明街老公寓信箱。
上圖右：大港街一隅。

上圖：鐵路新村。
左圖：鐵路新村一角。

鄰居婆婆媽媽都還在，只不過變老了；童年一起堆石子的小友們，都已經變成又高又壯的大學生；原本流著鼻涕的隔壁的那個妹妹，身材變得比安心亞還火辣，少年羞澀的我，連和她搭訕都不敢……（現在回想起來真是可惜。）

榕樹下的小吃攤，搖身一變成了冷氣餐廳，掛上大大的新穎的招牌。第二代老闆穿上白色乾淨的圍裙，賣力地炒著菜；漂亮的小女孩，站在門外賣力地吆喝著，「來喔，來吃高雄最出名的客家菜！」

高三拼聯考，我等於被軟禁在鐵路新村。一天又一天，騎著腳踏車，沿著長明街去上學；到了傍晚，再騎著腳踏車沿著長明街回家。那時，我爸正值事業的巔峰，忙得沒日沒夜，也從未到鐵路新村來看過我，未曾關心過我的成績如何？能不能考上好學校？我覺得，這是那時最大的自由。

聯考前一夜，我正與三民主義奮戰，鮮少響起的門鈴「叮咚」響了，我不情願地去開門。一開門，看見老爸站在鐵門外，他

記憶中的榕樹下客家小館。

說：「走，去吃飯！」我跟在他身後來到榕樹下，老闆向他說：「好久不見！」他笑笑點了「乾煎虱目魚」、「蚵仔酥」。我發現，老闆親自端來請客的蛤仔湯時，姆指還是浸在裡面——一般來說，虱目魚肚都過肥，膩口，就偏偏他們家煎起來不會；蚵仔酥則是媽媽們在家根本作不出來，因為控制油溫特難，點這兩道台灣美食就能證明了你是行家——我們吃得盤底朝天。吃完了，我爸說：「回去睡覺吧，不要讀了，再讀也不能多得一分……」

我們就在榕樹下分手，那一夜我睡得很甜。隔天，我三民主義考全國最高分，進了第一志願台大電機。再次離開了鐵路新村。

大學畢業去當兵的那年，父親就過世了。我在靈前想了好久，才驚覺榕樹下那一餐，是父子面對面吃過的最後一餐，我還記得乾煎虱目魚在口中留下的淡淡鹹味。

再過了十年，阿嬤也過世了，我載著老媽到鐵路局辦手續，又回到鐵路新村。樂群公寓也好、日式宿舍也好，都已經被夷為

上圖：1978台鐵宿舍廣場：百俊與弟弟百鴻、妹妹如齡及鄰居。
上圖左：1973樂群公寓前：百俊與母親、弟弟百鴻

平地了：長明街居然變成電子街，各式霓虹燈閃爍，已經不是記憶中的那條賣成衣的長明街了。我跟老媽說：「不然，我們再去吃榕樹下吧？」

車子緩緩前行。觀光巴士停滿了曾經是鐵路新村的巷弄，找不到一個停車位。要吃榕樹下居然得在店外和台北潘一起排隊……算了，我們決定直接開上九如路，回家。

那時候，老媽看著車窗外漸暗的夜色，若有所思。

街的盡頭，我們出發

文 郭正偉

吵過架，彼此都不願意先開口說話的冷戰午後，寒流才剛進城來。一點點陽光撥開厚雲，映在攤開已久，一直分心的那張書頁上，淺薄溫熱。翻離書本，翻身下床，我牽起小花的手，決定離開屋裡的冷漠安靜。

「去我的地盤玩吧。」捷運匡啷匡啷前行，我於小花耳邊低聲。我總是在提不起勁的無光午後想起童年的秘密基地，以及那一條街。

我們的基地由好幾根巨大的水泥管堆疊起來，長的就像哆啦A夢（總覺得還是那時代的小叮噹親切）書裡那塊遊戲空地。親戚、朋友、同學，一群孩子上上下下，來回繞著基地奔跑。木頭人不准動、跳房子一二三、練直笛Do Re Mi……，那地方座落於童年，被後來就失去聯繫的我們，以當時最精彩鮮豔的記憶拍照留念，包括磚牆房屋、一欄豬圈、搖擺的雞鴨、大人們的籐條，以及碎石子路一下雨便淹水，漂起五顏六色的紙船。

抬頭看，午後陽光像透明海浪一樣，一波波隨風舒服流動。鳳山，我的老家。

因為爸媽白天忙於工作的關係，放學後我便獃在外婆家。那時候裡頭住了好多大人與小朋友。外公、外婆生了六個小孩，媽

作家小檔案

郭正偉 ｜ 1978年生。於鳳山長大，聽音樂寫字、散步、找朋友玩的地球人。已發行作品《可是美麗的人（都）死掉了》（寶瓶文化）。

【座標小導遊】

中華街觀光夜市——位鳳山，高雄捷運鳳山站二號出口處。除各式特色小吃之外，也鄰近曹公圳與鳳山城門等歷史建物。曾獲〈2010年特色夜市選拔〉評審推薦獎。

媽是小女兒。大舅、二舅，跟他們的家人、小孩一起住在這兩層樓高，兩、三棟屋子並列打通的地方。

屋後是豬圈，好幾隻豬排排站在柵欄後頭，對著挖成迷你溝渠形狀的食槽、水槽，呼嚕嚕地吃個不停。說也奇怪，那飼料混著豬屎與泥土的臭氣，明明都還記得，卻再也不懂，為什麼當時我們這些小孩子捉迷藏盡喜歡躲豬圈的原因。

我們拿著石頭追趕不生蛋的公雞，然後反過來被牠們追；我們將鴨子嚇到絕境無路可退，接著目瞪口呆看見牠們居然飛走了；我們等著誰的媽媽回來抓起自己小孩教訓，然後一個、一個被出賣跟著一起被教訓。

群聚遊樂時的單純是真心的簡單，彷彿我就是他，他就是她，她也是我，集體行動變成單一，不俱完整概念的細碎快樂。如今基地隨著童年一塊兒消失，曾經樸質的鳳山建設成新的風貌，我們也已經各自離開，去尋找自己努力生活的方式。

自己一邊對小花說起這些舊時記憶，一邊懷念起，曾在這地盤上一起奔跑的夥伴們，不知道長大後，走入茫茫人海間的他們，是否也跟我擁有相同體會，在某個生活片段相似的風景裡頭，會記起這些事，然後有點兒愉快地懂得自己，是從那基地，那樣子玩過來的。

當時鎮日辛苦工作、加班的爸媽，回家時臉色總是不太好看，我跟老弟又是不懂臉色的皮小孩，屋子裡天天亂哄哄的，小孩哭聲、大人吵架，鐵軌邊一家四口的小平房，每當火車一過便轟隆轟隆得彷彿隨時就要於極限爆裂。微妙的是，縱使心情再不好，賭氣的嘴嘟得再高，在爸爸的堅持下，星期六晚上也仍一定要全家人一起出門吃頓飯。

固定的那條街，同樣的幾家小店。後來，我才有點明白，「想吃什麼」，這打破安靜的四個字，是爸媽之間溫柔的默契。

「中華街」就在捷運鳳山站出口旁邊。我牽著小花的手走進小街，嘴裡還叨絮關於自己在鳳山生活的童年時光，以及一家四

擺滿一整個鞋架的彩色雨鞋。

中華街上的小吃攤。

口遊走於街上的記憶。

「想吃什麼？」我問。

小花露出冷戰後的第一個笑容，聳聳肩不置可否，步伐變得輕鬆。

小街看起來好像沒什麼改變，卻又有點兒不太一樣。柏油路鋪上特別設計過的石磚，沒有隨意停放的車輛，所有小店都擁有統一規格的招牌。規劃後的空間，看起來好像變大了，在其上行走的人們卻相對縮小了，不需再擁擠穿梭的小街，讓自己有種淡淡誤認的失落。

直到我認出那擺滿一整個鞋架的彩色雨鞋。

賣鞋的店還在，賣校服、體育服的店還在，連麵包店也仍然在同樣位置。我興奮地用指頭將這些記憶都標示出來，分享給身邊的戀人。曾經買過一件鮮黃色的小飛俠雨衣，後來霉掉了；買過一雙雨鞋，卻用來抓青蛙；書包從來沒洗過、早餐的麵包塞在抽屜裡發爛、墨汁沾上校服就洗不掉，等著回家挨揍……。

說著，每個星期六團聚餐桌上的菜餚，也跟著一道一道浮現，飄散隱約香氣。

雞肉飯很好吃。熬煮多時的深棕色肉臊就澆在嗆著煙的白米飯上頭，蓋上雞肉絲、一片醃蘿蔔，吃的時候大刀闊斧地在碗裡胡攪和一番，大嘴扒上一口，就再也停不下來。別忘了桌上還有下水湯，雞肉飯配下水湯，這樣填飽肚子的方式，便宜實惠得超越天堂伙食。

份量夠「粗飽」的牛肉炒麵也很好吃。如果吃不了那麼多，可以叫兩碗白飯配一盤沙茶牛肉。牛雜湯以淡淡的九層塔氣味去掉內臟的腥臊，特製辣醬佐料舀進一杓薑末，一口氣整碗解決掉，寒冷冬天便再也不足為懼。

對了，這裡的鴨肉麵很有特色。喔，還有豆花、冷凍芋，還有古早味紅茶……

「停！」小花忽然開口了，介紹得興高采烈的我差點停不下，一臉疑惑地看著她，她這才大笑，假裝責備，「你說得這麼多是要我撐死嗎？」

我陪著傻笑，才發現不知不覺倆人竟然已經走到街的盡頭。

「那你想吃什麼？」我又問了一次。

這才忽然湧現淡淡的感應。

在小孩子尚未出生之前，還是戀人身分的爸爸、媽媽，是不是也曾經跟此刻的我們一樣，站在這條小街的一角彼此緊靠？也許無法決定該走進哪一家小店吃食，卻無所謂。因為牽著手相愛的緣故，吃什麼其實都帶著美好的幸運。

其實很平凡啊，如此戀愛，卻因為這些小街、小事的分享，漸漸深刻起來。我知道，在街的盡頭，小花跟我因吵架而暫停的愛情，吃飽喝足後，將繼續出發。

小街看起來好像沒什麼改變，卻又有點不太一樣。

歷史小檔案

鳳山舊稱「下陂頭」街。據清鳳山縣知縣李丕煜主修之《鳳山縣志》，提到此地「店屋數百間，商賈輳集。庄社街市，惟此為最大」，顯現鳳山在當時就已是縣治內發展繁榮之處。

慢遊旗山老街

文 李昌憲

調色盤
流行館
調色盤流行館
金合發珠寶銀樓
金合發珠寶銀樓
珍珠奶茶
30
THE KING OF TEA STATION
外送專線662-5183
春布行
鄭耳鼻喉科診所
HO HO

高雄人一生一定要走一趟旗山老街，從現存的老街建築、周邊人文景觀以及傳統美食文化，去見證與了解將近百年間，旗山發展的歷史與時代變遷。

從高雄市區開車最省時間的是由國道1號高速公路在鼎金交流道轉10號東西向快速道路，到終點左轉即可到達；也可以從楠梓直接走台21線，經中華路進入市區，看到旗山老街指標左轉；或者不開車，搭高雄客運往旗山的班車，可先查詢時間，也是非常方便。

開車不必急於進入老街，在新旗美橋右邊可看到玉山山脈最南端的地標——旗尾山，以及旗尾糖廠保留的廠房，雖已不生產糖，卻是遊客品嚐台糖冰品的好地方，秋天有整片台灣欒樹花開滿枝頭，也不要忘了八八水災堤防沖毀新築的工程及新建的旗尾橋新貌。

旗山老街

旗山老街的保存，要歸功於當年一些文史工作者的奔走與呼籲，至少保存了老街中山路的半邊仿巴洛克式的牌樓建築，這些外觀整齊互相連接的兩層洋樓，位於今日的中山路，與永福街、華中街之間。

作家小檔案

李昌憲 ｜ 現為《笠詩社》社務委員，台灣筆會秘書長。
詩作被選入年度詩選、國內外之詩選集，已出版詩集《加工區詩抄》、《生態集》、《生產線上》、《仰觀星空》、《從青春到白髮》《台灣人群像—李昌憲詩集》、《台灣人選集—李昌憲集》。

【座標小導遊】

旗山老街以旗山火車站為起點，地址為中山路1號。在中山路與復新街口即是角樓亭仔腳，中山路剩下半邊的仿巴洛克式的牌樓建築，永福街、華中街、復新街一帶為老街的亭仔腳，此區域保留旗山的歷史人文建築景觀。

上圖：武德殿旁保留許多圓拱石柱群。
右圖：旗山老街上賣水果的婦人。

旗山老街興建於一九二五至一九三〇年間，整個建築群外觀整齊一致，這些屋齡約八十年左右的建築群，大都興建於日治時期大正年間，日本政府在各地實施市街改造計畫，現在見到的仿巴洛克式的建築，均屬同時期的建築物。

旗山老街外觀最大的特色是整排相連建造，構成統一、典雅、壯觀的牌樓建築群，也被稱為「台灣牌樓厝」。這些仿歐式巴洛克風的華麗建築，以柱子及山牆上的牌匾豐富的裝飾圖案最可觀，有鳥獸、花草等紋飾，有些像圖騰般，有些以文字顯示家族姓氏，在富麗典雅中更突顯當時的大戶氣派。例如當時的吳姓家族擁有五間連在一起，中間的一棟有吳的姓氏牌匾，兩個邊間柱子為紅磚，中間的柱子為洗石，山牆有美麗紋飾。其他相連的建築，大體上同樣以洗石及紅磚來變化。

假日到旗山老街，細細品味旗山的百年風華，懷想當年的熱鬧情景，老街從絢麗歸於古樸；雖然經過歲月的洗禮，有些已經被拆除重建，有些待維修；但被保留下來的旗山老街，魅力依舊有增無減，從假日尋訪老街的人潮就可知道，人有時候是很念舊的。

與旗山老街類同的建築群，在南部地區至今保存完整的，還有台南新化的老街，一樣是排樓建築群，目前還剩下中正路兩邊約四十多戶。

亭仔腳

旗山老街最具特色的建築是亭仔腳，為圓拱型的石拱迴廊，起建年代從一九〇三年

上圖：旗山老街。
左圖：山牆上牌匾的家族姓氏。

開始，當時是利用台灣傳統的紅瓦厝建築，將騎樓的空間擴大，以因應台灣南部多雨及西曬而設計的長廊建築。它比老街排樓更早，是旗山老街上最特殊的文化資產，應是全國唯一碩果僅存，更有妥善保護的必要。

亭仔腳被保存下來，這種獨特的古老建築群，目前在復新街及中山路可以看見，以復新街三十一號位於轉角的角樓最具特色，我認為這裡是最具古典美學的亭仔腳，是許多遊客拍照留念的熱門景點，目前經營老街咖啡。

亭仔腳是由十五塊的沙岩堆疊而成，先用十四塊土黃色砂岩砌於上方的圓拱部份，中間再利用一塊較大的倒梯形拱心石銜接，與建築物本體形成完美的組合；在轉角處，藉由迴廊內部牆墩，分出三道圓拱石柱，呈放射狀散開，弧度非常優美，也最具特色，外觀保留敲打砂岩的粗糙面，看起來樸實牢固，也才能禁得起百年風雨洗禮。

石拱迴廊亭仔腳歷經百年，走過風華，也

渡過慘淡，童年時記憶裡整排的亭仔腳，大部份被拆除改建，剩下來的寶貴的文化資產，如何維護，讓這些碩果僅存的亭仔腳，留給下一個百年。

旗山車站

旗山舊名番薯寮，自古即為臨近地區物產的集散地。因西元一八九五年馬關條約割讓台灣，變成日本的殖民地，旗山火車站建於西元一九一〇年明治時代，是一棟融合仿維多利亞和哥德式風格的建築，也有人稱為仿巴洛克式的西洋建築。

旗山火車站建造背景，與旗尾糖廠（一九一一年，明治四十四年設立製糖會社）有關，當年稱為旗尾線，行經路線由旗山到九曲堂，轉入縱貫線鐵路。主要為日本政府將旗山及周邊美濃、杉林、甲仙、內門、田寮的糖、香蕉及其他物產，由鐵路運輸到高雄港，然後運回日本。

旗山有旗山火車站及旗尾糖廠，改變旗山地區原本的農業型態，火車站建造完成經過了十年，旗山人已經有經濟能力，開始建設在當時稱為現代化的牌樓街仔路（今中山路）。

旗山火車站開啓旗山地區的經濟能力及生命活力，集合許多階段性的建設，例如美濃竹仔門電廠的興建，集合這些建設而逐漸發展，使當時旗山居民進入城鎮生活方式，築基成為現在的旗山鎮，同時留下許多建築物，見證人文歷史的發展。

我站在外面看整修中的旗山火車站，懷想當年，如果沒有火車站帶來的經濟發展，旗山鎮整個歷史的發展會和現在相同嗎？是旗山鎮？或者依舊是番薯寮？

旗山火車站曾為了中山路的開闢，經過保

上圖：角樓亭仔腳。
左圖：最具古典美學的亭仔腳。

存或拆除的爭議，最後終於得到文化資產保護。目前外觀已整修完成，仍維持如童話故事中的歐式房屋，內部為木造，也將整修完成，未來旗山火車站必將重展新風貌。

慢遊旗山老街，走過中山路的排樓建築，走過復新街的石拱迴廊亭仔腳，走過近百年的旗山火車站，走過旗山農會，走過旗山國小保護的老建築，走過武德殿旁保留許多圓拱石柱群；走過八八水災沖毀中華路旁全部由卵石築成的老堤防，已經整修而且加高完成；遠看新建中的旗尾橋樣貌，肚子餓了就回老街解決，有許多傳統美食及創意美食，就等你來慢遊旗山老街，慢慢走，慢慢欣賞吧！

上圖：旗山火車站新貌。
下圖：新旗美橋沿修護中的堤防遠望旗尾山、新建的旗尾橋及旗尾糖廠。

【歷史小檔案】

旗山舊稱蕃薯寮，日治時期因製糖開始繁榮而發展成街，於1920年又因「旗尾山」為境內最高的山，改名為「旗山街」，至1946年光復後，正式命名為「旗山鎮」

氣味地圖——新高·郭碗粿

文 李志薔

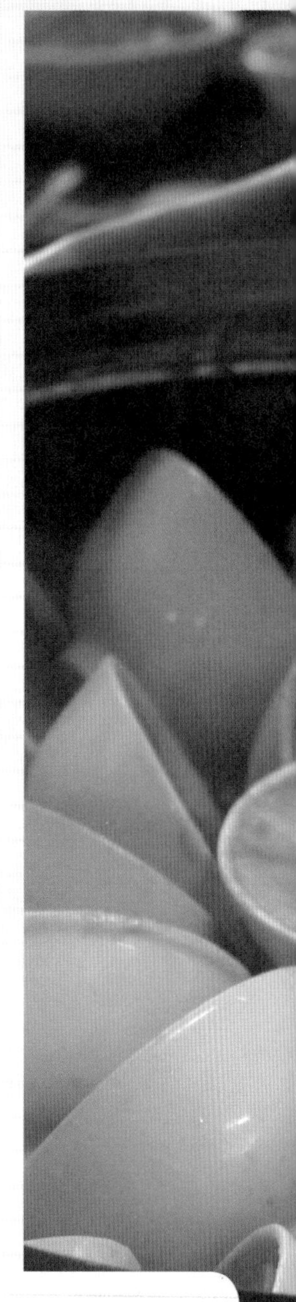

有一種滋味，是我在十八歲離開高雄求學之後，至今仍念念不忘的。

掐指一算，那已經是二十幾年前的事了。當時因為全力準備大學聯考、加上青春期賀爾蒙作祟的關係，我鎮日被關在書本的圍城裡，成了一個猥猥瑣瑣、目光如豆的高中生。幸好鄰居青梅竹馬的源哥剛退伍回來，在塑膠工廠謀了職務，口袋裡開始有幾分閒錢。那一陣子，他最大的樂趣，就是工作之餘，用他那輛破「偉士牌」載著我這個準大學生，四處去搜尋好食物。

我們的足跡往北走過內惟的清蒸肉圓、左營的眷村燒餅，往南吃遍鹽埕區刀削蜜豆冰、西子灣的活海鮮，慢慢拓展到前鎮和旗津等地。左營舊遠東戲院旁的楊桃汁冰沁甘甜；莒光的北方餃子館令我這個台灣囝仔大開眼界；後火車站「萬教」羊肉爐是我們第一次味覺的啓蒙。然而最最讓我驚豔，因而時時念念不忘的滋味，卻是鼓山二路、北斗街口附近的「新高碗粿」。

那時候，北斗街還是個人蛇雜處的老舊市場，新高戲院矗立其間，江湖術士、

作家小檔案

李志薔｜高雄人，高雄中學、台大機械所畢業，以拍片、寫作為職志。著有高雄地域書寫之散文集《甬道》、《雨天晴》、小說《台北客》等。另有劇情長片《單車上路》、《秋宜的婚事》、《十七號出入口》、《你現在在哪？》等。

上圖：碗粿是招牌小吃。

右圖：新高郭碗粿店門口。

牛肉場秀和臨近的紅燈戶區，把愛河周邊一帶的氣氛搞得曖昧旖旎。但底層勞工們喜歡到這裡來大口吃飯，大碗喝酒，享受一種無拘無束又庶民口感的草莽氣息。印象裡「新高碗粿」沒有招牌，但所賣的幾樣招牌小吃數十年不變。碗粿是道地台南口味，老米磨成的濃稠米漿，配上甜美的豬肥幫子肉，Q彈得像凝膠果凍一般。食用前配上特製醬油膏和蒜蓉末，口感香味俱足，讓人齒頰留香。肉粽亦是道地南部口味，上等長糯米裹上香粽葉，再填入精肉和鹹鴨蛋，蒸煮之後呈現圓潤飽滿的姿態，不但黏度適中，入口更是軟爛合宜。而我最喜歡吃那裡的土豆粽：飽滿的花生仁平均分配在純淨糯米裡，吃時淋上甘甜醬油膏，撒上幾瓢花生粉，淡雅中自有一番令人難忘的滋味。

而有主食不能無湯。這裡的豬腳湯是源哥必點，白皙豬腳加入清水，用大火熬煮半小時，再放一點當歸提味，清淡中透著甘美，據說對腸胃具有調理功能。我則獨沽四神湯一味，白濁湯汁漂浮著軟爛豬腸幾許，細致的中藥提煉出爽口的湯頭，可無限暢飲，對於嗜湯的我而言，又是一絕。每每我和源哥置身一群面目黧黑的工人之中，汗水和著蒸騰的霧氣，飽食之餘，遂升起一股暢快淋漓的幸福之感。

據聞自民國四十年起，郭家祖先由於討海生活困苦，從茄定搬到高雄鹽埕埔新高戲院旁擺攤賣碗粿，當時一顆碗粿二毛錢，生意最好的時候一天能賣上一百顆。

從小攤販到透天厝大店面，始終維持中等價位，碗粿、肉粽或豬腳湯的製作也強調簡單自然。現今「郭家碗粿」已改由第二代接手經營，依舊秉持上一代的理念，保持原味，只在裝潢和管理上稍做調整。桌椅是木質的八仙桌，復古的磚牆則刷上五〇年代電影明星登台的海報；擺設布置則走懷舊風，處處是尪仔標、舊商標和懷舊

店内牆面上五〇年代電影明星復古海報，
彷彿穿越時空回到過去。

明星海報；連牆上的菜單價目欄都是仿古的感覺，置身其中，有如走入古代的客棧，卻又在粗曠草莽之中，感受到處處流露的精緻人文品味。

而我自己，離開高雄越久，就越懷念家鄉的一切。和源哥是兩條不可能交集的平行線了，他忙著結婚、生子，安穩地去過一個平凡勞工的簡單生活；我則循著求學的軌跡，兀自往不食人間煙火的文人之路走去。源哥舉家搬離社區之後，我們再也難得見面了。只是每每憶及家鄉種種，往日滋味縈繞心海，才憬然醒悟，原來當年自己對高雄城市的視野，就是隨著這樣的氣味地圖豁然展開的：左營的眷村文化、西子灣的山和海、鹽埕埔的商業和繁華，以及旗津一帶處處散發著純樸氣息的小村小港：都在那段期間，慢慢收入我的知識體系裡。

如今我離開家鄉二十餘年了，高雄的城市面貌幾番更替，但人民依舊保有那勞動朋友的熱情、生猛的氣息。正如同我一年回鄉幾次，總要找時間到「郭家碗粿」，讓味蕾將我帶回青春年少的時光。有一次偶然從母親口中得知，當年父親從台南剛到高雄做學徒，午休時刻，亦常常到此吃碗粿。如是一想，口中咀嚼的又自是另一番滋味了。我揣想著那時瘦小的父親，滿身汗水挑著煤炭、遊走在新濱線上的畫面，那扎扎實實的一顆碗粿，熱騰騰的一口味噌湯，是如何滋養了少年父親的胃納，並且，彷彿在這樣一頓飽足之後，一整個下午的精神、氣力便又再來了。

而今，父親的骨灰就安置在對面的壽山頂上。每次祭拜回程，一家人同赴新高吃碗粿彷彿已經變成了固定的儀式。席間大夥拉拉雜雜談著一年的近況和變化，而我，彷彿就覷見父親蹲在角落裡，一口一口呼著熱氣，喝他心愛的味噌湯。

前陣子回高雄，剛好在老家巧遇源哥，彼此眼角都添了幾道皺紋。初見面時有些尷尬，人生不同，話題也各自飛散了。但最後我還是坐上他新買的機車，兩人同赴新

上圖：新高郭碗粿。

左圖：新高郭肉粽。

下圖：郭碗粿店內忙碌的開放式廚房。

高「郭碗粿」。那樣的氛圍裡，精緻中帶著汗水的草莽的氣息，先前的尷尬泯散了，在酣暢淋漓的啖食中，一切自不用多言。那是我們共同的回憶，用氣味引領我們追回的青春時光。

如今仔細回想起來，也許我真正懷念的，是坐在源哥「偉士牌」身後的印象。那逐漸開拓的視野，南台灣的陽光，西子灣吹來鹹鹹的海風。爽朗的笑聲。汗臭味。如同坐在「郭碗粿」人文與草莽並置的空間裡，第一口花生粽的滋味，依舊在記憶的皺折裡閃閃發光。

上圖：店內充滿懷舊風味的擺飾。

下圖：蒸籠裡的菜粽。

【歷史小檔案】

新高郭碗粿 | 民國40年起，郭家由茄定遷居高雄，以路邊攤形式販賣碗粿，歷時60年。招牌小吃為碗粿、肉粽和豬腳湯等。現改由第二代接手，採復古懷舊裝潢，道地口味仍保存下來。地址：高雄市鹽埕區北斗街19號。

阿婆的滋味

文 張文綺

這家麵攤，有店面沒招牌，安靜地座落河南路和南台路交叉路口。正對第一學府的南台路，豔陽高照的好日子，也顯少望見赤焰的日頭，琳瑯滿目的補習招牌盤據其上，張牙虎爪隨時準備吞食路過的青青子衿；另一頭的大水溝河南路上，宛如常民生活的浮世繪，綠蔭下白天是運將休憩的好地方，常見三四台計程車停在一旁。夜晚降臨後，又是另一幅畫，根據K中學生的傳言，經常有陌生男子騎著摩托車，慢慢地靠近學生旁，低聲含蓄問道「少年仔，有需要無？」學生們通常快步離去，低頭不語。

麵攤無聲地夾處兩極世界當中，卻不屬任何一方，不過，凡到麵攤用餐的人，都知道這攤子上有個阿婆，抓麵、下麵、撈麵……。忙碌的身影，日復一日，不知道從甚麼時後起，阿婆成了攤子的活招牌。

於是，麵攤有了名字，阿婆麵攤。

麵攤上賣的食物其實很簡單，便宜的陽春麵、榨菜肉絲麵。貴一點的鵝肉麵、鵝肉冬粉……不外乎與一般的麵攤無異。但是，麵碗的尺寸、裡頭的食材和無須擔心價格的黑白切，都是其他麵攤無可匹敵的特色，也是讓學生們倍感親切的主因。

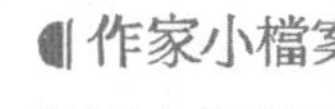

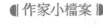

作家小檔案

張文綺｜生於高雄的巨蟹女孩，做過記者、編輯、編劇、展覽策劃，現為自由文字工作者，主要以編寫電視、電影劇本為主。有一雙孩子氣的雙眼，一顆好奇心和愛幻想的腦袋，喜歡吃文字、敲鍵盤，爾偶也會試著練習當大人。

阿婆的肉燥飯。

【座標小導遊】

無招牌的小麵攤，位於三民區，南台路和河南路的交叉路口上，忙碌的阿婆身影是麵攤顯而易見的活招牌。強力推薦自助式的肉燥飯和便宜又大盤的魯味切盤。

地址：三民區南台路182號。

第一次走進麵攤的情景還記得嗎？高三那年，教室的黑板上，老師開始寫上倒數的日子，你的心情像石頭一般沉了下來。你想起存摺裡的那些錢，那是兩年前辛苦打工存下來的，付掉學費、補習費 所剩無幾的將是這一年的生活費。為了擠進公立大學的窄門，你走入K書中心，選了冷門的K書間，在偏僻的角落買了一個安靜的位子，不為它因，只因那裡安靜無聲。你在家中始終無法專心念書，爸媽的吵架聲、鄰居的搖滾樂，讓你焦慮分心；圖書館裡，來往的腳步聲更讓你感到不自在。彼時，你想逃離塵世，與書為伍「十年寒窗無人問，一舉成名天下知」的幽微心情，無人知曉。

當晚，為了犒賞自己有個好的開始，你走入進麵攤，奢侈地點了一碗價位偏高的鵝肉冬粉，端上桌的那碗麵，出自矮小的阿婆手上，卻給人一種北方大漢下麵才有的豪爽感，湯上浮著五六塊鵝肉片，和些許的薑絲，鵝肉Q軟適中，肉質鮮甜，咬下去還有煙燻的甘甜味，底下的冬粉更是好大一坨，整碗麵的食材比例來看，最少的就是湯頭，你細細品嚐下去，不知不覺中竟把整碗麵吃得連湯頭都沒剩！

麵攤主要由阿婆下麵，另外還有兩個副手幫忙，副手看來像是自家人，沒有主從之分，反倒是頗有默契的互相幫忙。有趣的是，不管忙或不忙，所有進來的客人不約而同都是向阿婆點菜。阿婆莫約六十初頭，下麵的速度和招呼客人的親切活力，一點都不輸給年輕人，來往的學生，總是親切的喊著「阿婆，我要一碗乾麵……我要一碗榨醬麵……」只有生客如你，才會輕聲地喊著「老闆！我要一碗……」。你甚至發現，很多學生和客人總是直接走到阿婆旁邊，自在的拿起菜刀，笨拙地切著小菜，切完後不忘給阿婆目測估價，再拿到自己的桌上吃。結帳時，熟一點的學生早幫阿婆算好錢，不避嫌地拉開抽屜，放錢、找錢全都自己來。這時，你才知道，你走進的不只是一家麵攤，而是一個大家庭。

於是，你學會了大家庭的第一個文化「阿婆！我要……」。往後的日子，每天下課

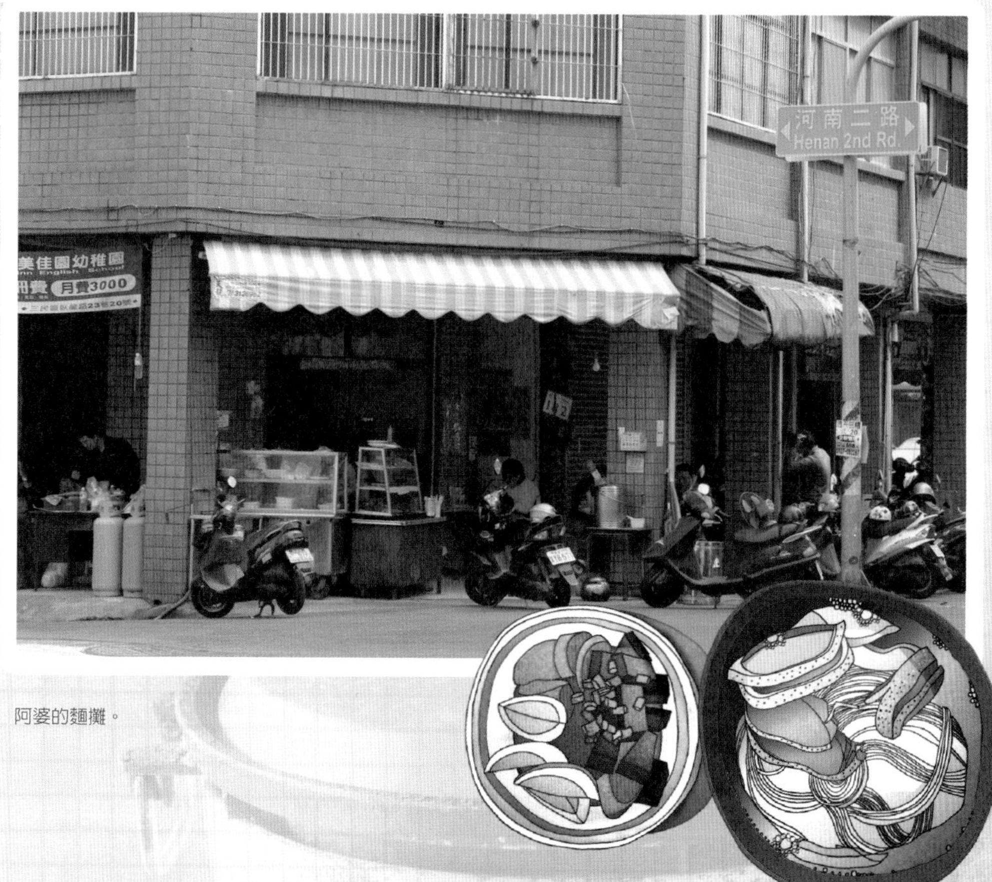

阿婆的麵攤。

後，你總是固定出現麵攤前，大部分的時候你都點肉燥飯，勝於那些五花八門的麵食選項。你仔細算過，僅剩的錢除以三百多個日子，平均一天不能花費超過八十元，早餐兩個蛋餅三十元、油資二十元，剩下的三十元只能拮据地分配給午餐和晚餐。幾經考慮後，你想了一個計畫，決定中午不吃飯，用睡覺忘記飢餓，晚上讀書需要腦力，三十元就留給阿婆麵攤那些又大又好吃的食物吧！

於是，阿婆的肉燥飯成了你的最愛，肉燥飯一碗二十元，不管內用外帶，全都自己來。麵攤旁的一個角落就是肉燥飯區，那是一張舊式帶點鏽灰的辦公桌，上面放了一個大飯桶、一鍋肉燥和一包魚鬆，阿婆給了便當紙盒後，往往就放牛吃草，愛吃多少就添多少，或許因為兩餐當一餐吃的原因，你總是拼命地想把大尺寸的便當盒擠滿白飯和肉燥，暗自竊喜的想著，這大概是全台唯一的自助式肉燥飯吧！

那鍋肉燥其實不像大家公認的好吃肉燥，肥肥的肉角，入口即化。阿婆的肉燥，大部分是瘦肉下去熬煮，因此油脂甚少，醬汁口味不鹹卻偏甘甜，不知道是不是這樣的原因，所以旁邊還放著一包魚鬆讓大家配著吃。也因為肥肉較少，大家很容易添了一大碗，還是吃不膩。此外，你還發現另一個秘密，如果努力一點，撈撈鍋底，偶爾還可以撈到油豆腐。

關於麵攤的點滴，回想起來，你只記得某些片刻的畫面，肉燥飯桌的抽屜裡，爾偶有國小的作業本出現，桌子上不時也會出現一兩個孩童的小玩具。藉由這些蛛絲馬跡，你慢慢的拼湊出阿婆的家庭。阿婆應該有兩三個孫子，兒子、媳婦則是週末時，偶爾出現充當副手，當然手腳不似阿婆熟練敏捷，這時阿婆會像總司令般，命令著「這碗麵是穿白衣服的那個同學⋯這盤菜是帶眼鏡那個同學……」，阿婆無法記住每個人名，卻認得大家的長相，如果常點餛飩麵的同學，突然改點其他東西，阿婆還會愣一下，懷疑是不是自己記錯。

於是，你明白了，原來阿婆在經營一個小家庭的同時，也經營了一個大家庭，而你漸漸成了大家庭的一份子。

還記得麵攤牆上，大笨鐘指著四點半那天，你用著搶頭香的心態，第一次這麼早來麵攤報到！肉燥區的辦公桌上，飯鍋還沒掀蓋，阿婆才正端著肉燥出來，打開火爐，正要細火慢燉。阿婆微微笑告訴你

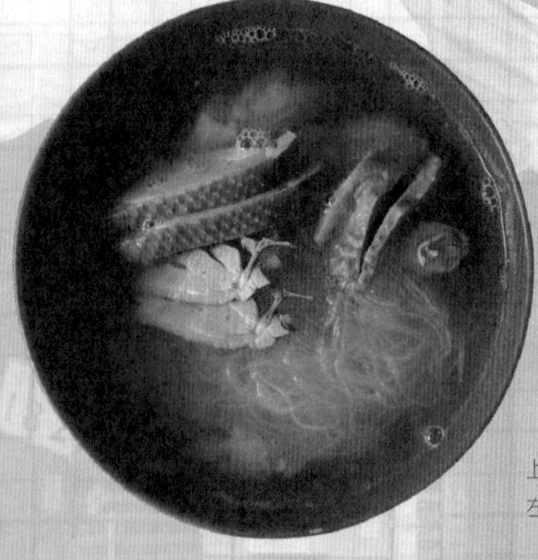

上圖：小菜。

左圖：鴨肉冬粉。

「要再煮一下，爛了才好吃！」坐在空無一人的麵攤上，你靜靜地看著正在燉煮的肉燥，噗嚕噗嚕的快速滾著，你的心卻疲憊的猶如打完一場仗！阿婆親切的問著「今天怎麼這麼早？」你回答剛考完試！阿婆似乎察覺你的疲態，沒有繼續問話，只說「坐一下，等一下肉燥就好了！」等待吃飯的時刻，時空彷彿回到國小的光景，這些年來，你總是飯好就走，吃完就忙，高中之門很窄，大學之門更窄，等飯吃的閒賦興致，很久不曾出現，然而，這個午後，你又重溫了那個魔幻時刻。

夜深，你走出念書的巢穴，補習班的招牌熄了，麵攤關了，只剩路燈和你孤單的身影。看著關門的麵攤，你開始想著，明天可以幾點來報到？接下來的日子，吃肉燥飯成了每天的期待，你逐漸發現，這些日子以來，只有吃飯的時候，你才是快樂的！

多年以後，你在異國待了幾年，大雪紛飛的那晚，你興奮的睡不著覺，因為那是南國冬天，不曾出現的景色！窗外的那片寂

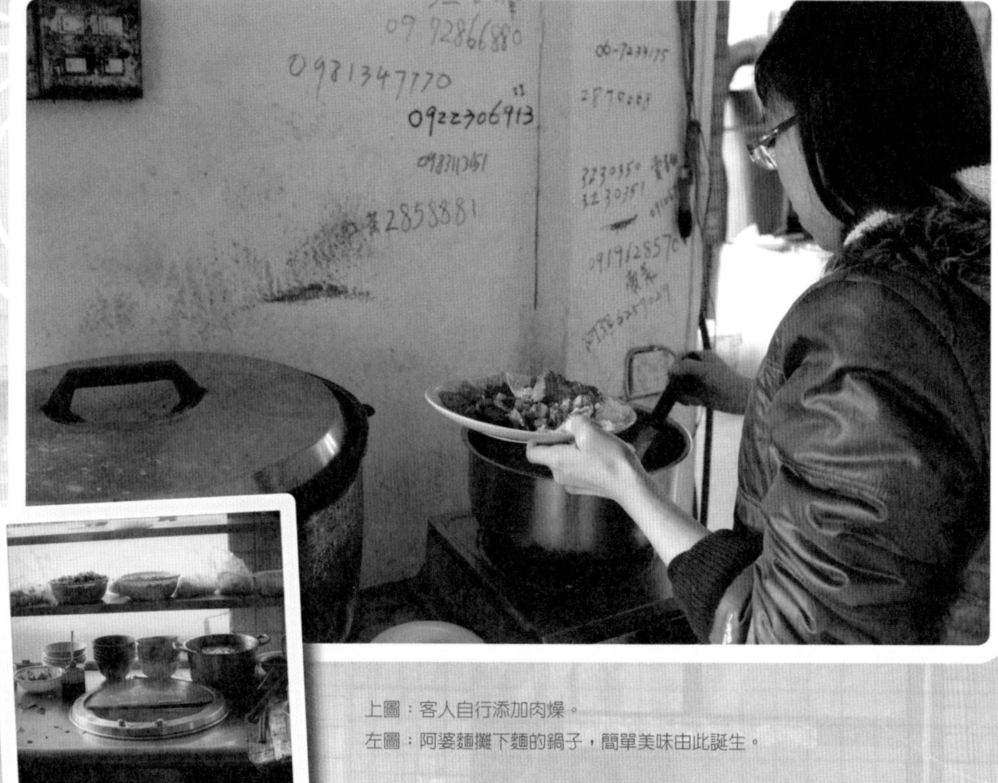

上圖：客人自行添加肉燥。

左圖：阿婆麵攤下麵的鍋子，簡單美味由此誕生。

靜，讓你再度想起，麵攤上等著肉燥滾開的午後，你想念南國，想念阿婆，想念肉燥飯！你關上窗戶，坐在電腦前手足無措，最後你打開google earth，輸入熟悉的街道名稱，那些街道一一浮現在你眼前，更讓人驚喜的是，多年不曾回去麵攤的你，意外地在街道實景圖上，看到阿婆下麵的熟悉身影！身在異鄉的你，頓時紅了眼眶，久久不能自己，那年的回憶如泉水一般不斷湧現，清晰可見！

又過了幾年，你出社會了，不用在飯錢上面斤斤計較！你經常忘記回家，鮮少讓自己餓肚子。但是，每次肚子一餓，你總是想吃肉燥飯！朋友笑稱，中毒太深。然而內心深處你知道，人生中有些滋味想忘也忘不了！

湖濱散記——戀戀金獅湖

文 王希成

有水都之稱的高雄，水的意象奔流整座城市。或見波濤洶湧的西子灣與旗津，海洋的寬闊無垠成就其大氣；或見潺潺水流的愛河，河流的纖細溫婉塑造其浪漫美麗；再則，走著中道路線的澄清湖、蓮池潭和金獅湖，空靈清秀的湖光山色，蘊養其溫柔婉約。

工業城市的剛，搭以優雅浪漫水都的柔，的確剛柔互濟。自然而然混成了這個陽光城市的動人元素，在全國諸多城市之中，甚至，放之四海到世界的舞台，它依然就是這樣獨樹一格。

金獅湖沒澄清湖的大，也無愛河的長，正是中庸而質美的山光水色好所在。在此居停了三十多年，不敢說有如盧梭聞名於世的《湖濱散記》，至少，有湖畔鬆柔沉靜的太極拳，有柳橋蓮開美麗的散文與詩。大自然、人文，日日、夜夜，交相互動激盪，景與情，情與景，融為另一種生命型式的表徵。

金獅湖座落於高雄市東北面，愛河上游之覆鼎金，原名「大埤」，與獅頭山比鄰而居，故名金獅湖。自古以來，一直擔任著調節水位的角色，其水源來自高速公路東側之鼎金圳，湖水經本館排水溝及愛河流入高雄港。

作家小檔案

王希成 ｜ 定居金獅湖三十多年，擔任金獅湖太極拳教練場主任教練，出版《詩，45度仰角》、《安靜生疼》、《人在燈火輝煌處》、《面對》等十本書，舞文弄墨更舞劍，部落格「我的詩劍江山」。

【座標小導遊】

金獅湖座落於高雄市東北面，愛河上游之覆鼎金，原名「大埤」，與獅頭山比鄰而居，故名金獅湖。自古以來，一直擔任著調節水位的角色，其水源來自高速公路東側之鼎金圳，湖水經本館排水溝及愛河流入高雄港。

中區焚化爐。

想尋找，位址在高雄市三民區金鼎路一一四巷十一之一號。欲到此一遊，途徑有三：搭市公車17、33、72、76、77、79、91、92、224、紅36路，於金獅湖站下車；或坐捷運紅線，漢神巨蛋站離開出口，轉接駁公車紅36路到金獅湖站；自行開車，則於高雄覆鼎金系統下交流道，接大中一路，左轉鼎中路，直行至天祥路左彎，一路到底，即可望見橋的那端，以湛藍、鵝黃、赭紅身影，華麗聳立的保安宮。

金獅湖的面積約十一公頃，遍種皎白、桃紅的出水芙蓉，整個湖景充滿秀麗出塵之美。與澄清湖之間，間隔著中山高速公路與高雄高爾夫球場。湖面形狀彷彿伏獅倚著獅頭山，林木蓊鬱，山水各具其美。獅山公園、蝴蝶園、道德院及覆鼎金保安宮等各景點，眾星拱月般圍繞在湖畔。

相傳台灣光復之後，經勘輿師勘定，金獅湖有一靈穴，道德院後殿，凌霄寶殿樓下，正是「獅喉」所在。唯恐這樣的好風水遭破壞，平時，凌霄寶殿的大門都深鎖，一付庭院深深的神祕模樣。

有著一百多年歷史厚度的覆鼎金保安宮，由於香火鼎盛，加以老舊廟宇原有的規模與格局太小，無法滿足信眾們的空間需求。而且廟址鄰近市場，人潮洶湧，交通不便，致全境善男信女，皆認為有整頓之必要，乃集議遷址金獅湖重建。

保安宮。

遠眺金獅湖與保安宮。

於是在民國七十七年，歷經十年籌備，十年建造，耗資八億，以華北宮殿式的廟宇興建，坐北朝南，建坪約六百餘坪，堪稱全省最大廟宇之一。而對外聯絡的交通孔道「保安橋」，乃仿大陸永定河上的蘆溝橋石獅造型，並以趙州孔橋的縮影設計，下層以半圓拱橋方式，上層則以平台方式建築，雙層疊合而成。

尤其由電腦控制的環保金爐，佔地約三十五坪，採古典宮殿式造型，既古典又現代。金爐內共動用了七萬多塊耐火磚，且燃燒後的煙，經機房水洗除塵處理後，可達無污染、無公害的標準，讓信徒們的祝禱很環保地上達天聽。

「保安宮」主祀中壇元帥，香火鼎盛，每逢假日，總有許多外縣市的遊覽車，一部部如蝴蝶翩翩而來。熱鬧的陣頭、鑼鈸、鼓聲，搭著沖天的鞭炮聲響，佈建節慶的歡愉，虔誠的宗教廟會。於是，迎賓的鐘鼓響了，迴繞整個金獅湖的山山水水。

「道德院」俗稱道祖廟，溯源於民國四十四年，正月佳節，有一位信徒受靈感

指引，前往高雄縣大樹鄉姑婆村天公廟，將奉祀之太上道祖暨三官大帝金身，帶到本市舊大港保安宮設壇奉祀，創道教，佈道場弘法。因為靈驗異常，便逐漸流傳興盛起來。

全體信徒至誠提供金獅湖現址，做為建廟基地，將諸神安置於此。民國五十二年二月十五日，在新廟址舉行清醮大典，恭請第六十三代張天師，躬親舉行拜斗。爾後信徒日增，香火更盛，目前已發展為南台灣的道教聖地。

山光水色，「道可道，非常道。」體驗完，猶可去享受當地的美食小吃。聞名甚久的金獅湖肉包，便隱身在湖畔市場邊，低調、無為，一如老莊，卻因著令人難忘的口味，即便不立招牌，不多加宣傳文字，仍讓許多老饕經常上門。

上圖：位於湖畔市場邊的金獅湖肉包店。

左圖：肉包店的店內一景。

道德院。

它的肉包，白淨、鬆軟、芳香，Q彈之中帶咬勁。尤其豬肉內餡肥少瘦多，簡單加了點油蔥和調味，肉汁浸潤入內層麵皮，口味重而不膩，簡約卻醇厚，讓你一口咬下之後，從此難忘。整家店，呈現一種簡樸的風貌。門口兩大簍竹籠層層堆疊，裡頭現代化的設備，正忙碌呼呼冒著蒸炊的白煙。每天上午十一點和下午三點，熱呼呼的包子準時出籠，饅頭、蔥花捲、黑白捲和豆沙包緊隨，成堆攤擺在鋪上乾淨白綿布的鐵架上，任君選擇。

有緣來此，湖光與道寬慰著你的心，金獅湖包子照顧著你的胃呢！

【歷史小檔案】

獅山原稱「虎頭山仔」，台灣光復後經堪輿師勘定虎頭山有一靈穴「臥獅穴」，其土壤為黃土，以「金」喻之，獅山林木茂盛，古榕盤根錯節，山上建有涼亭，拾級而上由山頂亦可眺望半屏山、壽山及高屏平原的綠野平疇。

餛飩

文 潘弘輝

所有美食裡我最愛吃餛飩，大顆的小顆的、溫洲的里港的、鮮肉的蝦仁的，只要高湯水滾，投下幾顆，起鍋前撒點蔥花，那清爽的香氣，伴著蒸蒸熱氣，尚未入口便暖和了我的心。有可能我是餛飩精投胎，餛飩是我的前世情人！我在心底對它依依戀戀，唇思齒慕，無法自拔……。

最早愛上餛飩，是在國小二年級，那是一個駐留在我心裡很久以前的年代，姑丈每隔上兩、三個月，便會帶四表哥和我一起到鹽埕埔來。姑丈領我們穿過馬路到戲院對面一條巷子，新樂街，拐進一家熱氣蒸騰的店：「溫洲大餛飩」。

點餐後，我被夥計端上來一碗餛飩湯給嚇著了！五顆好大的餛飩擠靠在一起，榨菜與過水川燙綠盈盈的小白菜鋪在上頭，熱呼呼的餛飩，一口咬下去的紮實感，餡肉裡湯汁燙口地流到嘴裡，嚼咬之間又會發現內餡與薄薄的餛飩皮之間做工精巧地捏摺出好多皺褶，也因此讓餛飩更加地飽實。

從來沒嚐過的，第一顆我便愛上了，高湯雖燙口，喝完後卻暖胃，每回總是讓我欲罷不能，非得喝它個見底！這樣的記憶，如此美好，如同我心底的那個年代。

作家小檔案

潘弘輝 ｜ 曾獲吳濁流文學獎小說佳作等獎，出版過《水兵之歌》等幾本書。曾任報社編輯，以及幫文學台灣基金會執行作家身影訪談等專案。

民國六十幾年，鹽埕埔是高雄最熱鬧、繁華的地方，當時大新百貨公司擁有先進的電動手扶梯，吸引了很多土包子進城只為了搭一搭這樣時髦的玩意兒。每回陪姑丈進城，他總會帶我們到大新百貨旁的光復戲院去看電影，《中國超人》、《火星人》對小孩子來說，真是令人開心到傻眼的幸福！我與四表哥在黑暗中看得目眩神迷、目瞪口呆的時候，姑丈便趁機去理個髮，然後到某個熟識的銀樓坐坐，待電影散場時間再到出口處接我們。

後來才知道，他到銀樓藉由第三地匯錢回去給他在大陸的家人。姑丈與一夥同鄉好多人都是在當年國民黨撤退來台的沿路上被抓伕，從此海峽兩隔再也沒回過大陸的家。

回程他總還會帶我們去大仁路上的「米糕城」買米糕，攜回家給家人們吃；糯米飯加上魯肉臊、魚鬆與醃漬入味的小黃瓜片，是從城裡特地帶回來的美食，讓沒跟上路的弟弟、妹妹羨慕不已。

餛飩之於我是一種初戀般的認定，在心裡對世界展開極大的好奇，稚幼的心靈初初萌芽，遇上這樣的美食，註定一往情深。

當然，隨著時間經移，我從少年、青年變成壯年，腳程開闊邁向高雄之外更遠的地方，也品嚐過各地各式不同包法的餛飩；比如淡水老街裡可口魚丸店的餛飩、五福路、中山路口舊大統百貨公司火燒之前，最常跟母親一起去吃的頂樓美食街的溫洲大餛飩，花蓮扁食、潮洲餛飩、炸餛飩、菜肉餛飩，乃至於市場裡各家攤販包的、賣的，我也都會四處搜括品嚐，但最愛仍是新樂街裡「金記溫洲大餛飩」，那是少年時的記憶，牽繫著那個逝去年代的感情，繫絆著我！

大仁路上的米糕城。

【座標小導遊】

創立於1954年，餛飩大顆飽滿，內餡實在，同時也賣炸排骨、牛肉麵、小籠包等小吃。

地址：高雄市鹽埕區新樂街163巷1號
營業時間：週一至週五／14：00～21：00
假日／11：30～21：00

因為愛它，一直不變，只要有機會去鹽埕埔，我便會去嚐一碗，上了大學、當了兵，返家的假期跑到大舞台戲院、國際戲院看二輪片後，也都免不了外帶一、兩盒生餛飩回家，與家人們烹煮分食，以至於養成了我專對餛飩偏食的壞習慣，只要當兵放假或者後來北遷台北工作，從外地放假回返高雄，母親便會專程到市場買個兩盒回來，專門為我煮一碗餛飩湯。

其實我也不是非得吃餛飩不可，但那就像一份默契，一種儀式，不用多說，便可以知道母親將心繫著我，心很安，很踏實地知道，這是與她之間，一條牢固的繩。

在北部報社工作後，妹妹、弟弟生了小孩，父、母親除了帶小孩，也養成週日前去爬高雄縣大社鄉觀音山的習慣，經年累月，他們養成備便簡易爐具，在山間歇息涼亭午膳開炊，煮些輕便食物與山友們一同分享充饑。

彼時我三十初頭歲數，每隔一個月半到兩個月間，便會搭機回返小港家中，每週末我都一定陪同前去爬山，順便揹小姪子、

上圖：一粒粒餡料飽滿紮實的小籠包正等待送入炊蒸。
右圖：座落在巷子內的金記溫州大餛飩。

上圖：坐在巷子裡的饕客。
左圖：金記溫州大餛飩湯。

幫忙提瓜果、器具以減輕他們的負擔。每次只要有我出現，開心的母親一定又會準備餛飩，當大家共食著炒米粉，我一定有一碗專屬的「餛飩」可以吃。

那是一種獨一無二，兒子在母親心裡，被獨特地照顧、看護著，那份情感讓你是特別的，是專屬的，一瞬間你被點名，身上有了愛的印記與光芒，如此被重視著，閃耀而動人，我屢屢因為領受到這些而泫然欲泣，感動滿盈。

三十六歲時母親去世，父親也在一年半後因悲傷抑鬱導至肝癌去世，很長一段時間我陷入混沌狀態，卻仍習慣性地吃餛飩，但此時的口感與滋味卻淡然無味，只是一種習慣……，原來餛飩跟這個世界上的所有事情一樣，都跟心情有關。

美好的心情記憶動人的時刻，彼時那美食的滋味哪怕只是淡淡的氣味，都會被銘刻成金石，見證它的存在。

一定有一些美好的食物可以昇華為象徵，餛飩對於我便是一種巨大的象徵，它訴說著我曾在一個被愛所包覆、美好的成長環境裡茁壯，小康家庭，母親獨特且溫暖的愛，包裹著我。我也記得十七歲高一時，姑丈因為中風，送醫院急救住加護病房三天後留一口氣送回家中來時，我握著他那溫度漸失的手，這些都被包裹在記憶的風裡，包裹在溫洲大餛飩的滋味中。

自始至終都是感情，如高湯般沸沸滾滾，如餛飩般皮餡紮實；我愛餛飩，也思慕著已經逝去的、疼惜過我的親人、長輩。時代的洪流讓我們的命運彼此錯雜交會，我卻可以在其中認出那獨有的，被愛疼惜過的滋味。

上圖：昔日風華熱鬧的鹽埕埔。
下圖：細心包著小籠包的金記溫州餛飩員工。

【歷史小檔案】

金記溫洲大餛飩——位於鹽埕區，高雄捷運鹽埕站出口的新樂街巷子內，鹽埕區充滿老高雄人的記憶，靠近港口發展起來的商埠，早期曾是最時尚熱鬧的區域。

結合異國與在地的懷舊美味派——歐式派店

文 周天派

近十年來，由於金牛座對美食無法自拔的熱切追求，在深入多個地方進行美食探訪之後，我認為高雄美味的餐廳與小吃，無論在質或量的平均表現，皆堪稱台灣的美食首都。然而，讓我離開高雄後仍時常懷念的，其中必有鄰近三多商圈的「歐式派店」，而她留給我的第一印象至今難忘。記得，當時步出三多四路的書店後，女友與我被一扇低調而優雅的餐廳門面吸引，且立時感應到誘人的氣味與磁場，遂沿著階梯走上二樓。從餐廳的門面設計，通往二樓的木製弧形階梯，以及七十坪大的空間大小擺設，處處可見主人的品味與細膩。傳統英式裝潢所煥發的鄉村風格，柔和的燈光以及理想的送餐速度，讓坐在窗邊的我們得以細心品嚐，邊聊天邊欣賞高雄街景之美。當時仍是學生的我們，在享用完美味大餐之後，內心滿溢愉悅與幸福。或許，我是從那時候開始，因這家「派」（pie）的專賣店所帶來的美好經驗，而開始喜歡自己的名字。

離開高雄多年後，我又重返「歐式派店」聆聽他們的故事。店長說，歐式派店的前身是一對英國夫婦創立的「這間派店」（The Pie Shop）。約二十年前，舊堀江商圈甚為繁華，異國餐廳雖為數不少，然而大部分皆為較受歡迎的排餐，鮮少其他特色料理，英式餐點更是缺乏。當時一對在台灣居住的英國夫婦因思鄉情感，開

作家小檔案

周天派 ｜ 色盲。喜歡小孩，詩。很愛吃。西子灣大學畢業，國立東華大學創作與英語文學研究所學生。2009年高雄文學創作獎助計畫新詩類首獎得主。Skypie，在一座小島出生，檳城人。

始製作英式的家常料理——派，並於五福路上開設充滿故鄉風味的溫馨小店，就此展開派店的歷史。在英國，派是非常家常的鄉村料理，隨著各家不同的創意發想，搭配的調味料亦別有特色。不同於台灣人一般對派是「甜點」的觀念，「這間派店」賣的主食是傳統的鹹派，其甜品才是甜派。數年後，老夫婦要返回英國老家之前，將派店移交Edward——王坤群先生接手，並沿用原來的廚房職員，承繼英國最傳統的做派方式。

由於舊堀江的店面空間狹小，老舊的日式建築亦於一九九六年被市府鑑定為危樓，Edward物色好地點後決定遷移至三多四路，創立七十坪大的新店，並易名為「歐式派店」。十數年來，不擅商業宣傳的歐式派店，透過客人的口耳相傳，吸引了各地饕客紛紛前來。在台灣，要培養熟知料理技巧的師父並非易事，加上許多食材必須進口，故甚少有派專賣店。台北雖然也有派店，但賣的多是餅皮較薄，接近比薩口感的法式鹹派——Quiche，惟一的英式派專賣店就僅有高雄的歐式派店。有趣

上圖：從細微處就可以看出店家的美學品味。

左圖：歐式派店高貴優雅的一樓門面。

甚受人喜愛的牧羊人派。

【座標小導遊】

三多店創立於1996年，具有傳統風味的英式手工派為招牌餐點，另有焗烤與義大利麵。

地址：高雄市三多四路61號2樓（鄰近三多商圈與海洋之星，步行約5分鐘）
營業時間：週一至週日，11：30～22：00
電話：07-3358883
推薦：紅酒牛肉派、牧羊人派

的是，歐式派店亦有法式鹹派，與一般常見的Quiche Lorraine薄餡不同，歐式派店的法式洋蔥培根派，餡料特別厚實，最底層是牛奶與起司，再鋪上洋蔥及培根炒出來的餡料，嚐起來像鹹口味的布丁。Quiche Lorraine之名，起源於法國東北部洛林地區（Lorraine），而洛林為德法交界地，因此Quiche Lorraine結合了法國跟德國的飲食文化。

相較於法式派皮的薄脆，傳統英式做法採用油酥派皮，較為厚實有口感。派皮主要分為兩種，一種像餃子，被老主顧戲稱為「英國大水餃」，許多與歐式派店建立濃厚情感的老主顧，過年總要帶著家人來吃份「元寶」應景；另一種派形狀則較像美國南瓜派，又叫農舍派，差別在於美國派是甜的，英國派是鹹的。派皮的製作極為費工，麵粉，水和油的調配要非常嚴格，厚薄適宜，且須視氣候與濕度隨時調整，餡料跟派皮之間的比例更要精準等等。多年來的經驗已讓派店累積扎實的學問，派皮烤出後仍相當酥脆且包覆完整，這真是功夫所在。

高雄有許多令人稱羨的特色異國料理，然而門面低調的歐式派店仍在其中熠熠生輝。

歐式派店有一道非常受歡迎的餐點——牧羊人派，關於這道料理在歐式派店的出現，有這麼一則特別的小故事。當初派店從鹽埕區遷移至三多路時，店家悉心找來了知名的設計師與裝潢師傅，反覆討論了多次，以期營造出最符合派店風格的空間。其中在櫥窗的設計上特別費心，精緻的手工玻璃櫻桃木櫥櫃，更讓世界知名的遊艇公司「Fleming」的老闆，Tony Fleming大為驚艷，經常向派店人員提及最喜愛的設計「就是那扇窗」，甚至打算選用於自家公司製造的遊艇上。某次Fleming先生前來用餐時，忽然想起一道英式傳統派——「牧羊人派」，於是特別撥電至英國，詢問廚藝學院畢業的女兒，抄下食譜後轉贈派店。牧羊人派是一道極為家常的英式料理，內餡以羊肉為主，亦有人選擇牛肉。一般英國家庭主婦最常見的做法，是將家中的剩菜與羊肉或牛肉一起攪拌，加入調味料後鋪在烤盤，上面再放一層厚厚的馬鈴薯泥，送進烤箱後未久，一道簡單又美味的牧羊人派就完成了。Fleming先生送給派店老闆的是家族流傳多年的食譜，屬於不加派皮的家常口味。派店老闆拿到食譜後稍作調整，用匈牙利紅椒等數種香料去除羊肉的腥味，再以派皮完整包覆內餡的鮮美和馬鈴薯的香氣。牧羊人派的誘人之處，在於叉子插入派中的那一瞬間，羊肉內餡的特殊香氣會微微飄來，而酥脆的派皮混合馬鈴薯泥及羊肉內餡的口感，讓吃了數十年牧羊人派的Fleming先生亦驚嘆連連，直說派店的牧羊人派比媽媽做的還美味。與客人的良好互動有了意外收獲，這即是歐式派店津津樂道的，「就是那扇窗」換「牧羊人派」的故事。

除了美味的派，店家亦於櫃台提供特製的明信片，供各地客人取用。一年四季有不同的年節配合飲品，譬如說春天推出花草茶跟果粒茶，夏天是冰淇淋優惠季，秋天是英國茶等風味茶品，冬天則是咖啡品嚐月。派店對食物與用餐環境等細節的用心，使其二十年來擁有不少老主顧，留下了一些美好故事，曾經有新人在店內蓋下結婚證書，亦有用甜派把愛情長跑十四年的女友抱回家的……。

在優雅的店內空間仍有熱情的店員。

上圖：店內的布置在既有的舒適風格之外，
仍會隨著季節有不同的裝飾搭配。
右圖：「就是那扇窗」的故事。

【歷史小檔案】

約20年前，一對英國夫婦於舊堀江創立「這間派店」（The Pie Shop），在小而溫馨的空間內將故鄉家常的手工派介紹予港都居民。數年後，老夫婦返回故鄉前，將派店移交予王坤群先生。1996年，五福路的創始店面因房齡老舊，被市府鑑定為危樓，便遷移至三多四路，擴張為七十坪大的二樓店面，並易名為「歐式派店」營業至今。

轉過青春、轉過壯麗：南橫印象

文 方耀乾

講起南部橫貫公路，我的青春又閣倒轉來。彼是二十幾冬前，我做兵進前彼年的青春歲月，一段佮我的牽手Demi共同騎一台oo-too-bai環南台灣的旅行歲月：台南→南橫公路→南迴公路→墾丁→小琉球→高雄→台南。彼當時對一對從來毋捌騎oo-too-bai佇深山林内揞風迎霧飛行的情侶、也從來毋捌用oo-too-bai書寫青春歲月、書寫壯麗山海的戀人，確實是一段永生難忘的南台灣絮語。

台灣是一個美麗島，龍骨是青翠的懸山，予藍寶石的海水規個攬牢咧。這個美麗之島有刺三條花，是連接東、西部兩岸的橫貫公路——北橫、中橫、南橫，其中，南部橫貫公路是上少年的，也是上原始、上有自然風味的。南部橫貫公路的起點是高雄甲仙（也有人講是台南玉井），終點佇台東海端村、關山德高里交界的所在，主要橫跨高雄佮台東。南部橫貫公路長大約一百七十公里，前身是日治時代的理蕃警備道「關山越嶺道」，對一九六八年七月十一日開始動工，佇一九七二年十月三十一日通車，經歷四年四個月才完工。南部橫貫公路的大部分路段是新開闢的道路，差不多攏是採用傳統人力方式開闢造路，所以工程非常艱難。為著造這條路，根據統計總共有一百一十六個工作人員死亡，後來，為著感念遮開路先賢的犧牲奉獻，特別佇天池設置長青祠來悼念怹。沿途咱會感受著原始的氣氛，以及欣賞著壯麗景緻，這咱愛感謝遮的開路英雄恬恬的奉獻佮犧牲。當年我第一擺到長青祠，我停車合十獻上我誠心誠意的敬意：感謝前人鋪路，後人行。日治時期開闢「關山越嶺道」是為著理番，主要是為著欲治理原住民布農族。戰後，會閣重新開闢這條路，主要是為著交通佮產物的運送。前後兩個階段的闢路理由完全無仝，這象徵自由民主治理術已經有較進步。這是值得咱肯定的代誌。毋過，阮入去南橫彼當時猶原愛入山管制。這敢閣有「理番」的意味？

黃明川提供

作家小檔案

方耀乾 ｜ 成功大學台灣文學博士，現任台中教育大學台灣語文學系副教授，《台文戰線》社長。著有《台窩灣擺擺》、《將台南種佇詩裡》等八部詩集。

【座標小導遊】

南部橫貫公路——橫跨台南、高雄、台東三縣市，全長約210公里，山區路段從高雄甲仙到台東海端長約150公里。自古以來為西拉雅族與布農族的生活領域，區內溫泉多、吊橋多、峽谷多、高山多、古木多，風景壯麗，人文景觀豐富。

上圖：南橫公路上的溫帶林。
右圖：埡口大關山隧道。

埡口雲海的壯闊景致。

咱若欲對西爿入去南橫，有兩條路線會當選擇：一條就是走台20線道路按台南的玉井入去甲仙，一條就是走台21線道路按高雄杉林入去甲仙。彼年，阮行台20線道路按台南的玉井入去南橫。

出發的彼早起，日頭為阮開路，風微微唚阮的面，真正是一個旅遊的好日子。盈早仔九點阮對台南市區出發，經過永康、新化、大內、左鎮、玉井、到甲仙，路途是真四序的打馬膠路，過甲仙、寶來就是石頭路。相對今馬的四序，這條路原本是更加充滿著原始的氣味，更加充滿自然的景緻。一八七一年，英國攝影師湯姆生（John Thomson）佇基督教長老教會馬雅各（James Laidlaw Maxwell）牧師的陪伴之下，展開了對台南到甲仙、六龜的驚奇之旅。沿路是遍布竹林，樹林裡不時有七英呎的大蛇，手指遐粗的蜈蚣，閣有毋知名的毒蟲，以及被認為野蠻的平埔族。啥想會到一百四十冬前是按呢的景緻，今馬又閣是另外一種景緻。

南橫的「重鎮」——甲仙——是芋仔的故鄉。阮十一點到遐，停車享受有名的芋仔冰，綿綿QQ的滋味，真正「甲仙」的享受，享受佮神仙會比並得。行佇日頭照落甲仙的馬路，興奮的心情為欲進入山區熱身，阮並且佇遐食一頓山產中晝補充能量。

過甲仙就真正進入山區，oo-too-bai駛過內莫山脈到茬濃，阮順著茬濃溪縱谷繼續向前行，往古早是平埔族拍獵的所在的六龜寶來前進。猶袂到寶來進前，一間清幽的廟寺——妙通寺——恬靜挺挺徛佇路邊看顧眾生來來去去。妙通寺真清幽，值得入內參觀禮拜，是由一代高僧廣欽老和尚創寺。廣欽老和尚一生充滿傳奇而且度人無數，最後佇妙通寺圓寂。聽講當時的行政院長蔣經國捌佇遮佮伊結緣。蔣經國請教伊：「應該將反攻復國基金用佇啥乜所在？」老和尚回答：「建設台灣」。可見伊超脫彼個時代的思維。廣欽老和尚往生進前有留下一句名言：「無來也無去，無代誌」。南橫公路頂面來來去去的遊客，毋知恁有啥乜感悟？伊的法體火化了後，燒出百外粒的舍利子。

寶來是一個溫泉區，當時的溫泉區猶是較原始，今馬已經是一個真交易的溫泉鄉，有豪華的溫泉飯店，有清幽的溫泉民宿，有原始的露天溫泉窟。寶來溫泉區的溫泉屬碳酸氫鈉泉而且富含礦物質，酸鹼值大約是七左右，溫度大約六十度C，泉質透明清澈、無色無味，有活絡筋骨、養顏美容的等等功效，也會當飲得，是品質優良的溫泉。可惜阮無泡溫泉，這個「旅遊債」阮佇十幾冬後才還，照常是我參我的牽手來。

阮繼續向東起行，來到高中檢查哨，佇遮愛登記才當入山，然後阮才進入美麗的桃源地界。地勢愈行愈懸，溫度也愈來愈冷。Oo-too-bai對海拔五百外公尺飛升到海拔兩千外公尺。同時路兩爿的樹種也對熱帶林變身做寒帶林。阮將oo-too-bai停踮桃源的一間民宿頭前，有一個人出來參阮相借問，講閣過去攏罩茫霧，到關山會傷暗，較危險。阮接受伊的建議，就踮桃源歇困過眠，用一暝的時間感受海拔千幾公尺的冷風佮壯麗的山脈，也一面懷思布農族祖先佇這片青色山脈的傳奇故事。桃源是布農族的故鄉，出產梅仔、李仔佮薁蕘（愛玉）。布農族早期以拍獵為主，近年來已經漸漸以種作為主。

隔轉工早起，阮懷抱著虔誠的心前往海拔二二八〇公尺的布農族聖地——天池，伊是崩積層長期受雨水沖蝕而成的山谷，因為聚集附近的地表水佮地下水，才發展出高山湖地形，是台灣上懸位的高山湖，同時是野生動物的重要水源及歇困地。毋過，阮發現現場有留下袂少燒金銀紙佮點香的痕跡。聽講佇遮静坐、祈求、禮拜上靈聖。若講純粹以敬天、敬地的態度静坐、禮拜、祈禱，我想這個所在是上接近上帝的所在，毋過若用會污染環境、造成火災的方式來祈求上帝聆聽心聲，甚至恩示明牌，上帝敢會感應？我真懷疑。

十點外，阮騰雲駕霧來到南橫公路的上懸點，標高二七二二公尺的埡口，遮是台東佮高雄交界的所在。徛踮埡口向北遙望玉山山脈，有一種「我欲乘風而去」的感覺。遮有一個長六一五公尺的磅空，叫做大關山隧道，磅空兩爿的氣候景觀完全無仝，西爿日頭大出，東爿是一片雲海。埡口的雲海真出名，確實真媠。佇桃源的時，有人好意共阮建議講：上好過晝就愛過到向陽，若無，會罩重霧，視線無好。有當時確實真僫看著十公尺外的景緻。揹著重茫，阮繼續往東行，兩粒青春的心恆恆縛做伙，對海拔兩千公尺懸降落海拔一千公尺的凡塵，向叫做向陽的所在走揣人生的日頭。這段路程有時暗然罩霧，有時突然開朗，宛然世外桃源。經過向陽來到利稻的時，已經三點外，重茫也已經遠去。阮徛懸懸遙望腳底的利稻，若一粒明珠鑲佇眾山的青色當中，竟然有異國情調的感覺。

趦過新武呂溪切割造成九公里長美麗壯觀的霧鹿峽谷，軁過布農族村落海端，阮來到關山拜訪大學的同窗，順續過暝。做了兩工的山頂神仙，阮總是愛降落凡間。結束一首山的協奏曲，明仔載阮欲接續一首海的交響曲——南迴公路之旅。

十幾冬後，我駛車載規家伙仔，再度軁過我的青春、軁過壯麗的南橫、軁過予我感動的土地。（二〇一〇．十二月三十一日台南永康）

八八風災後的南橫公路。

上圖：桃源區復興里的原住民孩童們。
下圖：八八風災後的南橫公路。

歷史小檔案

南部橫貫公路是省道台20線在山區中的一段，於1968年7月動工，1972年10月通車，歷時4年4個月。

阿公店溪風雲

文 蔣為文

雖罔是冬天，金色ê日頭光照tī阿公店溪，kan-tann hō人感覺南台灣ê溫暖！

阿公店是高雄縣岡山鎮（Kong-san）ê舊名。Ah若論到岡山，伊是前高雄縣三大鄉鎮之一，mā是前高雄縣文化局kap文化中心ê所在。阿公店溪是岡山重要ê溪流，伊毋但陪真濟岡山人大漢，mā深深影響在地人ê生活kap人文活動。

阿公店溪ê發源地tī前高雄縣燕巢鄉kap田寮鄉hit tah ê烏山頂。伊ê頂游分做2線，倒pîng是濁水溪，正pîng是旺萊溪，合流了tsiah koh seh來岡山鎮、永安竹仔港，到彌陀舊港hit箍圍入海，攏總有38公里長。雖罔阿公店溪毋是全台灣siōng長，mā毋是siōng有名ê溪仔，m-koh伊tī岡山人ê心目中是永遠ê第一名！

細漢印象內底ê阿公店溪，是阿媽做穡（tsò-sit）ê所在。阮細漢時tsūn tuà tī阿公店溪北pîng ê舊厝。阿媽tī溪南有一坵溪埔地ê田。Hit-tsūn uì舊厝到過溪ê田路中有一座火車專用ê鐵枝路橋。阿媽若beh去過溪ê田lìn做穡，攏ài真sè-jī tsim-tsiok行過hit條鐵枝路橋。有一擺，我iáu bē讀國校仔tsìn-tsîng，阿媽tshuā我去巡田園。Tú行到鐵枝路橋ê一半，suah hiông-hiông聽tioh火車teh tân雷ê聲，伊tō緊kā我ânn leh，kiu bih tuà橋邊行人緊急避難ê鐵箱。

作家小檔案

蔣為文 ｜ 美國德州大學語言學研究所博士，現任成功大學台文系副教授。作品有《海翁台語文集》、《海洋台灣：歷史與語言》、《語言、認同與去殖民》、《看siáng khah勇》（台語兒童文學多媒體有聲書）、《葡萄愛Tshit-thô》（台語囡仔歌） 等。

右圖：「古厝」——岡大會tú成立ê開會所在。

①地方新聞　中華民國80年6月21日　星期五　阿公店　農曆五月初十出刊

阿公店

第二期

發行人／王輝展
出版／岡山鎮大專青年聯誼會
顧問／許福森　石丁玉　劉逸浚
總編輯／劉建明
副總編輯／曾明富　黃勳祥
印刷／大明堂
岡山鎮平路路148號

賀岡山鎮公所由謝鎮隊民政課長　石丁玉先生領隊參加80年度縣長杯端節龍舟賽榮獲組亞軍

毒煙清肅

命他非安止防及違禁藥品

「前峰里」被列入登革熱高危險傳播區

漫漫暑假何處去

本月大事

左圖：《阿公店月刊》第二期。

下圖：《阿公店月刊》上早ê編輯所在。

阿媽kap阿公攏是傳統ê古意ê台灣做穡人，in ê名言是「甘願做牛，免驚無犁thang拖」。In早期真散赤，無家己ê田園厝地，tō ài四界kā人拜託、租田種作。阿公負責駛牛車，阿媽發落田lìn ê穡頭。實在講，in ê khang-khuè是濟kah hām牛to做無路來。In hit-ê年代，無農保、無勞保、無健保koh khah無特殊階級18% ê好khang。用in ê話來講，若身苦病疼，kan-tann ē-sái「糊牛屎」niâ。

古意、善良ê台灣人攏謙卑、kut-lat、甘願做牛，suah tiānn-tiānn去好khang tioh外來統治者。Hit kuá外來統治者利用台灣人ê特性，suah「乞食趕廟公」，in做牛車主人，ah咱suah tioh做衰尾牛替in賣命。論真講，這句俗語若改做「甘願做魚，免驚無蝦thang食」huān-sè khah hah新時代ê精神。

早前ê阿公店溪tiānn-tiānn做大水。日本時代bat整治過幾擺，m̄-koh效果有限。後來，為tioh解決做大水ê問題koh兼thang做淹田ê功能，tō tī頂游khí阿公店水庫。水庫uì戰前ê一九四二年khí到戰後一九五三年tsiah完工，壩頂長度攏總有二三八〇公尺，是目前全國siōng長ê pòo-huānn。水庫hit箍圍有兩粒山崙仔，是小崗山（Sió-kang-suann）kap大崗山（Tuā- kang-suann）。In tō親像岡山人ê守護神，長期tī hia看顧這塊土地ê人民。

戰後一九七〇 kap 八〇年代是台灣經濟siōng tshiann-iānn發展ê時代。Tuè tioh經濟起飛tuà--lâi ê是生態破壞kap社會問題產生。Hit tsūn ê知識份子開始思考解決問題ê方法。因為hit tsūn iáu是戒嚴時代，真濟政治議題bē khap--tsit。唯一hōo獨裁者會接受--tsit ê是社會服務。致使服務性ê社團tī大學校園普遍流行起來。

一九八三年八月，一寡出外讀冊ê岡山囡仔集uá來成立以大學生為主ê「岡山鎮大專青年聯誼會」（簡稱「岡大會」英文縮寫“KCA”）。Hit kuá大學生，包含蔣榮欽、戴志展、蔣榮福等，tī戴文凱醫師、hit-sî tī岡山國中服務ê楊雄寶老師ê sann-kāng之下，創立這個社團。In以「團結大專青年、推展社會服務」為宗旨，利用寒暑假舉辦囡仔營、青少年生活營、冊展、發行刊物等thang回饋鄉里、服務社區。經過十外冬了，hiàng時ê少年人攏隨ê-á隨ê tsiânn做事業有成ê社會青壯。Tsit kuá出社會ê岡大會成員tī 一九九八年koh正式登記做「高雄縣岡山鎮大專青年協會」thang做khah濟khang-khuè。目前，無論iáu在學iah-sī出社會真久ê，攏簡稱「岡大會」。岡大會tsit ê名mā是岡山大多數ê知識份子共同ê kì-tî kap光榮。真濟岡山人因為細漢bat參加過岡大會ê囡仔營，大漢了mā tsiânn做岡大會ê幹部，繼續為地方盡心力。

上圖：第一屆「阿公店溪文學獎」徵文比賽海報。
左圖：《岡山阿公店社區雜誌》創刊號。

岡大會tī 一九九一年bat發行過《阿公店月刊》，攏總發行四十四期。Tsit份刊物主要是地方新聞kap岡山文史報導。其中siōng特別ê是「古早伯開講」台語文專欄。Tsit ê專欄是用台語文書寫，內容teh紹介台灣ê俗諺語、歷史、民俗文化。Tī hiàng-sî台灣tú解嚴無外久，台語文kap台灣文學研究iáu無受支持kap重視ê時，《阿公店月刊》tú-hó提供伊早春puh-ínn ê肥田底。停刊以後，岡大會有kā刊物內底關係岡山文史ê部份khioh--起來集做專冊《咱的阿公店》tī 一九九七年出版。

Tī恬靜一段時間了，岡大會tī二〇〇七年重新出版《岡山阿公店社區雜誌》季刊。Tsit份雜誌後來改名號做《阿公店溪社區雜誌》，kâng-khuán以岡山ê人文活動kap歷史為報導重點。Siâng-sî uì hit年開始辦理「阿公店溪文學獎」徵文比賽。這個徵文比賽是以小學到大學ê學生為參加對象，以阿公店溪流域ê人、事、物做書寫主題。Tsit-ê文學獎kap其他ê文學獎來比，有兩大特色：第一，伊是以學生為主，按算uì囡仔ê學習時期開始做文學啟蒙ê khang-khuè。第二，伊有特別設一組台語童詩類thang鼓舞小學生用台語寫作。Tsit ê徵文比賽到tann iáu逐年舉行，ǹg-bāng台灣文學ê香火ē-sái像阿公店溪ê溪水按呢繼續傳落去。

台灣經濟奇蹟hit段時間，阿公店溪當然mā付出相當大ê代價。總是當大家食會飽、穿會燒以後，tsiah會反省生態破壞ê為害。Tsit kuí年來，阿公店溪整治ê成果tauh-tauh-á看會tioh。溪底ê魚蝦koh開始活跳，海茄苳mā koh teh發ínn。阿公店水庫風景區ê再生kap環水庫腳踏車道、岡山河畔公園等ê規劃，hōo人深深感覺tioh阿公店溪koh恢復伊ê性命力ah！

高雄的地方文化館

高雄地方文化館．地圖導覽

01 兒童美術館

一個讓孩子體驗藝術、參與藝術、遊戲藝術、學習藝術的場域……

高雄兒童美術館位於內惟埤文化園區西側緊鄰馬卡道路，於民國94年1月開館，是全國首座公營的兒童美術館，以互動式、創造式、遊戲式與探索式的教育空間為主軸，提供親子一個「經由藝術學習」的場域。

兒美館以藝術教育為主軸，採主題規劃輪流換展的方式，經由「請動手」的互動式展示型態，供孩子一個體驗藝術、參與藝術、遊戲藝術、學習藝術的場域。透過各式主題性展覽、親子導覽、說故事時間及假日親子教育推廣等活動設計，提供孩子更多樣化的學習潛能與美感經驗；除此之外，兒美館的環境更是充滿驚奇，仔細瞧，天花板、走道間、樓梯口、地板都有藝術家的巧思！

大門入口處的沙坑更是孩子的最愛，每到黃昏，這裡總是充滿歡笑聲，看著孩子堆沙堡、挖穴道、壓蛋糕，一堆沙、一瓢水，就是孩子的想像世界！

團體記得要事先預約！預約專線：07-5550310

【座標小導遊】

開館時間 ◆ 週二至週日09:00～16:30（12:00～13:30 休館）
閉館時間 ◆ 週一
地址 ◆ 高雄市鼓山區馬卡道路330號
電話 ◆ 07-5550331＃300
門票 ◆ 免費
網址 ◆ http://www.kmfa.gov.tw

02 高雄文學館

高雄人文風貌的最佳位置，
文學家與閱讀者的交流空間……

文學是文化的靈魂，是人文素養的基礎。「高雄文學館」以城市命名。高雄因特殊的歷史與多樣的地理環境因素，產生了多元的文化風貌，為高雄文學提供了豐厚的養分。

高雄文學館主建築為一棟二層樓古典建築，於民國43年即作為圖書館用途，民國92年以都市美學空間的營造出發，並媒合文建會加強公共圖書館空間改善計畫，將原高雄市立圖書館第二總館轉型為一兼具文學創作與文化休閒功能的優質文學閱讀空間，提供文學家與閱讀者休憩與交流的空間，與更多精緻的文學精神食糧。

高雄文學館位處高雄市重要文教商業複合區，亦是綠意盎然中央公園腹地一環，緊鄰「城市光廊」，園區有高雄捷運紅線R9站的設置，交通便利，凸顯文學館打造高雄為優美的文學天地；再向四周擴及有充滿咖啡香與藝術氣息的愛河文化流域，結合中興堂及附近電影圖書館、歷史博物館、音樂館等三個地方文化館，成為文化生活圈之中心點，鋪陳整個城市的人文風貌的最佳位置，使文學更親近民眾，帶動文化發展，讓閱讀成為城市的氣質。

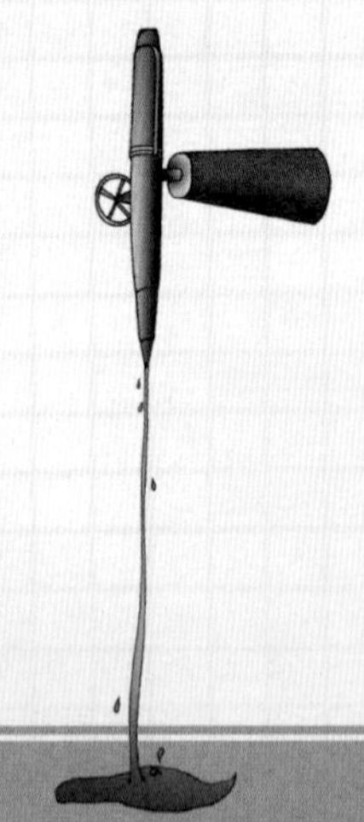

【座標小導遊】

開館時間 ◆ 週二至週六09:00～21:00、週日09:00～17:00
閉館時間 ◆ 週一
地址 ◆ 高雄市前金區民生二路39號
電話 ◆ 07-2611706
門票 ◆ 免費
網址 ◆ http://163.32.124.24/ksm/ksmhome.asp

高雄文學館
葉石濤
你可以迷途，但請你相信
我仍將地圖牢牢的放在手心
世界
原來可以有另外一種
更赤裸的看法
引自推薦獎紀明宗＜蝴蝶效應＞

駁二藝術特區

03 駁二藝術特區

一個前衛、實驗、創新的國際藝術平台，高雄文化藝術的新發軔。

駁二藝術特區是多數倉儲特區改造裡擁有最特殊地理條件的藝文特區的潛力，近海港的獨特藝術開放空間，也在近幾年的曝光與整治中發展了高雄文化與藝術親民的生活藝術空間，並且也在藝術家及地方文化工作者的推動下，逐步開啓了駁二藝術特區的創作紀元。

自民國97年以來，文化局致力重構海港城市之魅力生活，並將駁二藝術特區定位標榜年輕、設計性、無距離感的文創實驗場域，逐步建立駁二品牌，打造出具本市特色的創意文化園區。

【座標小導遊】

開館時間 ◆ 週二至週日10:00～20:00
閉館時間 ◆ 週一
地址 ◆ 高雄市鹽埕區大勇路1號
電話 ◆ 07-5214899
門票 ◆ 免費，特展活動才需付費
網址 ◆ http://pier-2.khcc.gov.tw/

新埤
溪州
潮州
東港
汕尾
林園
清水巖
小港
下淡水溪
一口說出千古事

04 高雄市歷史博物館

本建築為仿西方古典建築的屋身，再結合日本古典傳統的大屋頂而建成的「帝冠式樣」。

高雄市立歷史博物館建築本體興建於1938年（昭和13年），翌年9月16日完工啓用，為第二個「高雄市役所」所在地。台灣光復後，改為高雄市政府仍為市政中心，直到民國81年市府搬遷至苓雅區四維三路新建之「合署辦公大樓」，舊市府建築始完成階段任務。市府搬遷後，有鑒於舊市府為歷史性建築物，經市府規劃為高雄市立歷史博物館，於民國87年10月25日正式開館，以保存發揚高雄地區歷史文化為工作目標，為臺灣第一座由地方政府成立的歷史博物館。

建築本體為帝冠式四樓建築物，主要建材為鋼筋混凝土、面磚等，外觀顏色採用所謂國防色系的淺青色，屋瓦則為類似軍用鋼盔的暗綠色。一樓大門設有門廊，是正式的公共建築作法，中間主體建築狀似「高」字，四樓塔樓空間位於建築物最高處，具有良好的瞭望功能。本建築為仿西方古典建築的屋身，再結合日本古典傳統的皇宮大屋頂而成的「帝冠式樣」。因發展年代較晚，在台灣數量很少，其特徵為結合東、西方的建築特長所演變出來的樣式，為臺灣現存帝冠式樣最完整的建築，民國93年10月18日經高雄市政府公告為市定古蹟。

【座標小導遊】

開館時間 ◆ 週二至週五09:00～17:00，週六至週日09:00～2
閉館時間 ◆ 週一
地址 ◆ 高雄市鹽埕區中正四路272號
電話 ◆ 07-5312560
門票 ◆ 免費
網址 ◆ http://khm.kcg.gov.tw/

05 高雄市電影館

專業電影書庫、個人視聽室、展示廳，
引領電影藝術進入日常生活……

高雄市電影館成立於民國91年11月，是南臺灣電影文化專屬推廣單位，位於愛河西岸的河西路，曾經是國民黨鹽埕黨部的辦公室，也曾經是高雄市立實驗國樂團的舊址。館舍利用玻璃材質創造出光與影的豐富變化，遊客可以從櫥窗中欣賞電影產業的展示品，空間的再造使這棟舊建築變成一座結合科技與影像的光建築；此外設有愛河露天電影、展示廳、專業電影書庫、個人視聽室，民眾可以借閱圖書，也可以欣賞電影，並設有團體欣賞放映室。

電影館除結合學者專家、地方耆老與社團，規劃適合當地人文、歷史、地理、風俗特色之電影放映內容，引領電影藝術深入各區里基層及校園外，並策劃拍攝高雄市城市景觀與人文風貌相關影片，藉此行銷高雄，讓高雄透過銀幕大放異彩，並為地方文史留下紀錄。

【座標小導遊】

開館時間 ◆ 週二至週日13:30～21:30
閉館時間 ◆ 週一
地址 ◆ 高雄市鹽埕區河西路10號
電話 ◆ 07-5511211
門票 ◆ 免費
網址 ◆ http://kfa.kcg.gov.tw/

Kaohsiung Municipal Film Archives
高雄市電影圖書館

06 武德殿

融合生活劇場概念與劍道文化歷史記憶，
是一個文武兼備的歷史展館。

高雄武德殿興建於西元1924年（大正13年），為州廳級之武德會組織，其武道館名稱為「振武館」，異於一般武德殿之通稱「演武場」，乃由於該館興建於日治時代中期，是目前台灣地區現存「州廳級」武德殿建築中年代最早者，其取名為振武館，含有振興武道之意涵。

民國94年整修完成後，武德殿朝著「文化、體育、觀光」三大面向進行規劃，彰顯「生活劇場」概念，重塑「劍道文化」歷史記憶，並建構社區「文化旅遊」的網路，武德殿委由民間相關文化專業團體進行經營管理，以期達到古蹟活化再利用的文化空間經營。

目前已有劍道、合氣道、居合道、巴西柔術、和太鼓、瑜珈等在此活動及推廣，並且定期舉辦結合哈瑪星社區文化的活動，為文武兼備的歷史展館。

【座標小導遊】

開館時間 ◆ 週二至週日09:00～17:00
閉館時間 ◆ 週一
地址 ◆ 高雄市鼓山區登山街36號
電話 ◆ 07-5318845
門票 ◆ 免費
網址 ◆ http://www.butokuten.twmail.org/

祈願繪馬奉納所
武德殿

戰爭
和平

07

戰爭與和平紀念公園主題館

紀念光牆、反戰燈柱、碑體廣場及迴音之心，都訴說著特殊的紀念意涵……

戰爭與和平紀念公園主題館位於高雄旗津風車公園旁，於民國98年5月20日落成啓用。設置緣由為二次大戰和國共內戰讓許多台灣子弟成為日本兵、國民黨軍及解放軍，他們不知為何而戰，也不知道為誰而死。中華民國原國軍台籍老兵暨遺族協會多年來積極奔走，希望以建碑的方式紀念當時被徵召至中國大陸及東南亞地區參與各項戰爭的台籍子弟兵，並給予合理的歷史定位。最後選定高雄旗津──許多台籍日本兵及國軍出征時最後一瞥的港口，面海興建『戰爭與和平紀念公園』。

公園內有訴說台灣兵故事的紀念光牆、象徵反戰的紀念燈柱、充滿回憶與憑弔氛圍的碑體廣場及迴音之心，都訴說著特殊的紀念意涵。還有全國唯一一座主題館，紀念參與大東亞戰爭、國共內戰、韓戰的戰亡台灣籍軍人。

主題館的展示呈現許昭榮先生與台灣兵平反的過程及其生前收藏之軍用文物。館內的台灣兵死難者查詢系統，目前也是台灣唯一有關戰亡之台籍老兵的資料庫。

【座標小導遊】

開館時間 ◆ 週二至週日10:00～18:00
閉館時間 ◆ 週一、國定假日隔日
地址 ◆ 高雄市旗津區旗津二路701號
電話 ◆ 07-5719973
門票 ◆ 免費
網址 ◆ http://peace.khcc.gov.tw/internet/

08 打狗英國領事館官邸

台灣最具人氣的古蹟文化館，
飽覽西子灣風情、第一港口夕照與港都美景。

打狗英國領事館官邸是台灣最具人氣的古蹟文化館，依據最新文史調查研究顯示，打狗英國領事館實為打狗英國領事官邸，於1879年完工啓用，係領事居住及接待使節賓客的場所。該建築由當時的大英帝國陸軍皇家工程部設計監造，為一獨立之紅磚木構迴廊建物。打狗英國領事館辦公室（含巡捕區與監牢）則設於哨船頭海濱，兩棟建物以登山古道聯結。

官邸原建築式樣為斜坡屋頂及方形（無圓拱）木構迴廊，亦無頂冠帶。1900年改建屋頂為有頂冠帶（無山字頭）圓拱磚造迴廊。民國20年領事官邸被改作「高雄海洋觀測所」，太平洋戰爭時，遭美軍炸毀後面部份房舍。國民政府接收台灣之初曾作為氣象局測候所，曾進行整修並在領事餐廳後側台階增建一小房間，但因房舍老舊又疏於維護，民國66年賽洛瑪颱風之後處處斷垣殘壁。直到民國76年才被修復成現今樣貌。

民國92年文化局將之委外修復經營，讓古蹟活化再利用，成為高雄市重要文化觀光景點，在此可飽覽西子灣風情、第一港口夕照與港都美景。

【座標小導遊】

開館時間 ◆ 每日09:00～24:00開放參觀，美食時間11:00～2
閉館時間 ◆ 每個月第三個禮拜二為休館日
地址 ◆ 高雄市鼓山區蓮海路20號
電話 ◆ 07-5250271、07-5250273
門票 ◆ 免費
網址 ◆ http://www.british-consulate.com.tw/

09 新思惟人文空間

嚴選臺灣各地獨具藝術性及手創感的生活用品，以專業服務建構的「美學」交流平台。

新思惟人文空間座落於高雄市河堤社區一角，於民國93年正式成立，為「新思惟生活科技」事業體中的一環，期許以專業、親切的服務建構「美學」的交流平台。

空間定期舉辦藝術展覽以及專題講堂，提供美學教育及藝術市場資訊，邀請社區及社會大衆參與分享。空間中另有Sincewell藝術精品，實現「生活精品化」的概念，嚴選臺灣各地獨具藝術性及手創感的生活用品，在生活與藝術之間塑造獨特品味。

【座標小導遊】

開館時間 ◆ 每日12:00～22:00
閉館時間 ◆ 無
地址 ◆ 高雄市三民區明哲路37號2F
電話 ◆ 07-345-2699
門票 ◆ 免費
網址 ◆ http://gallery.sincewell.com.tw/

10 台灣美電影文化館

細細刻畫大高雄電影盛事的歷史沿革，是電影愛好者與收藏者必訪的藝文聖地。

台灣美電影文化館於民國93年6月正式成立，館內除陳設過去台灣早期的各式電影放映機器，另收藏國內外絕版的經典海報與明星照，以及細細刻畫大高雄電影盛事的歷史沿革，提供愛好電影與收藏者一處休閒時光最佳的藝文聖地。

台灣美電影文化館藉著典藏文物重溫舊時與現今的美好回憶，將高雄各個角落的戲院片段，逐一拾起，除了讓市民瞭解高雄本土電影發展興衰，期望珍貴的電影文物，成為南部電影藝術教育推廣的新據點及電影愛好者相互交流的平台，成為帶動民間投入電影文化，進而發掘在地文化最好的指標。

【座標小導遊】

開館時間 ◆ 週二至週五12:00～17:00，週六及週日10:00～22:00
閉館時間 ◆ 週一
地址 ◆ 高雄市三民區十全一路161號7樓
電話 ◆ 07-3129216 # 106
門票 ◆ 免費
網址 ◆ http://www.mirage.com.tw/mtce/

文化館
百年影史資料展
文化館
百年影史資料展
台灣美文化館
武俠片導演
俠片的興衰

羅翊瑄
版畫創作個展
11/9–12/5
* Closed every Monday

11 畫廊 The Gallery

一個能為高雄人留一片空白，
將大家的視覺經驗帶到前所未有的地方……

人文、咖啡、藝術、音樂與酒……，是十年前步道咖啡館經營者開設空間的理想。十年來，從半九十茶屋旁的畫廊、MARSALIS BAR酒館樓下的畫廊、步道咖啡館、民生路上的小綠，串聯了高雄人文風景。藝文空間一樓有半九十茶屋，主要以台灣茶及中國茶和傳統小點心為主，還有這間名為畫廊的畫廊，一個作為藝術創作者發揮的白色小空間。二樓為MARSALIS BAR ，提供給想喝紅酒或威士忌聽現場爵士樂演奏的人。

畫廊希望能為高雄人留一片空白，規劃一些好的展，將大家的視覺經驗帶到前所未有的地方。因為本質只是一片空白，所以沒有名字，就叫畫廊。

【座標小導遊】

開館時間 ◆ 週二至週日14:00～22:00
閉館時間 ◆ 週一 / 每月最後一個星期二 / 佈展期間
地址 ◆ 高雄市中正四路71號
電話 ◆ 07-2815195
門票 ◆ 免費
網址 ◆ http://massart-gallery.blogspot.com/

MoMe
陽明。高雄
海洋探索館
MoMe陽明。高雄海洋探索館
YM Museum of Marine Exploration KAOHSIUNG
世界奇珍異貝特展
Marvelous Shells of the World
98.12.25~99.12.12
跨世紀
經典船舶特展
CROSS-CENTURY
CLASSIC SHIPS EXHIBITION

12 陽明高雄海洋探索館

一個認識海洋文化的活教材，與感受心靈時光的海洋美學殿堂。

陽明海運公司近年來積極運用企業專業能力，並以推展大衆海洋文化教育為志業，繼民國93年12月28日在基隆設立「陽明海洋文化藝術館」後，復於民國96年12月28日在高雄旗津地區成立「陽明高雄海洋探索館」（MUSEUM OF MARINE EXPLORATION簡稱MOME）。陽明高雄海洋探索館是一棟擁有遊輪造型的兩層樓建築物，她特殊的船體造型，彷若一艘停泊於高雄港內的大船，與航道上往來的貨櫃輪、漁船和偶而來回穿梭的軍艦交織成一幅美麗的港灣風情。

展館一樓規劃有兩個展覽室，其中第一展覽室的船舶特展系列展出「跨世紀經典船舶常設展」，展示各式精美的船舶模型，介紹由古至今人類應用航海上的智慧，從遠古舟楫的簡易筏、倚風航行的帆船，乃至現代化機械動力船舶，融合了海事知識的原理與航海技術、讓民衆對人類如何運用船舶悠遊於海洋之中有更深刻的了解；第二展覽室亦規劃與海洋文化相關之展覽，展出「世界奇珍異貝特展」，展示有貝殼的形成、分佈、演化，與多種風情的珍珠飾品，更深入民間挖掘貝類在我們食、衣、住、行、育、樂中扮演的奇特角色，讓民衆一次認識貝類的神奇，滿足了民衆對海洋的諸多想像。此外，館內更有3D電影院，播放海洋相關影片，只要戴上立體眼鏡，馬上就能享受3D電影的震撼，是認識海洋文化的優質場域，更是享受心靈極致的海洋美學殿堂。展館二樓規劃為觀景區，是坐擁探索館最佳的觀景平台，能愜意的欣賞美麗的高雄港和旗津漁港，更可以眺望高雄市區的天際線，靜靜的享受悠閒寧靜的時光，提供民衆來到探索館一遊的同時，也能隨時兜滿一心的喜悅，體會恬靜自適的氛圍。

【座標小導遊】

開館時間 ◆ 週二至週日09:00～17:00
閉館時間 ◆ 週一
地址 ◆ 高雄市旗津區南汕里北汕巷50-61號（旗津漁港內）
電話 ◆ 07-5716688
門票 ◆ 成人票30元，學生票20元（票價含3D立體動畫電影）
網址 ◆ http://www.mome.org.tw

13 鳳山地方文化館

不定期舉辦藝文課程、講座與工作坊，
為鳳山地方特色紮根……

鳳山地方文化館是利用閒置空間改造，凸顯鳳山打鐵街、赤山粿和石雕等傳統特色，與鄰近的婦幼青少年館及露天的街頭聚場結合，建構成為鳳山藝文休閒中心，同時不定期舉辦藝文課程、講座與工作坊，鼓勵各級學校戶外教學，為鳳山地方特色紮根。

鳳山地方文化館位在青年公園內，原是鳳山市衛生所青年分駐所，民國90年底鳳山市政府新市政大樓啓用，衛生所青年分駐所遷入新大樓辦公，建築即閒置，後改建為地方文化館，以保存地方文物資產，也延續社區總體營造。

鳳山地方文化館建築面積大約60坪，一樓展示打鐵街與赤山粿的歷史，二樓是石雕工藝與藝術創作區，並有一間研習教室，戶外則提供民眾與小朋友學習石雕技藝，讓藝術普及化、社區化、生活化。

鳳山地方文化館不定期舉辦鳳山老照片展示、赤山粿DIY製作、陶版製作等具有地方特色的文化活動，提供民眾知性的假日休閒活動，也是外地人認識了解鳳山的開始，從鳳山地方文化館往鳳山區前進，車程約3分鐘有空間開闊的開漳聖王廟，再繼續前進約5分鐘，即可抵達鳳山區著名的古蹟曹公祠、東便門、東便橋、龍山寺、訓風、平成、澄瀾等3座砲台遺跡，是安排知性之旅的好去處。

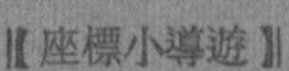
【座標小導遊】

開館時間 ◆ 週二至週日09:00～17:00
閉館時間 ◆ 週一
地址 ◆ 高雄市鳳山區青年路二段77號
電話 ◆ 07-7905529
門票 ◆ 免費

鳳山地方文化館
Fengshan Community Culture Museum
幸福城市
鳳山童玩故事館

14

由台灣民間合力興建的第一座平民文學家紀念館。

鍾理和出身美濃尖山，從小愛好文學，及長無師自通從事文學創作，作品充分映照他一生豐富的經歷，同時表露農民心聲，展現鄉野情趣的濃厚感情，被稱為「台灣現代文學之父」。「鍾理和紀念館」除收藏鍾理和個人手稿及作品外，台灣地區作家的手稿也在收藏之列，是一處充滿文學氣息與人文歷史的地方。文學界林海音、鍾肇政、葉石濤、鄭清文、李喬、張良澤等人，有感於從日據時代以來台灣本土作家，許多前輩已經凋零，遺憾的是他們的作品、手稿隨著時間次第湮沒，是台灣文學史上莫大損失，於民國68年6月具名發出籌建「鍾理和紀念館」啓事，獲得社會熱烈響應，由鍾理和家屬無條件提供鍾理和晚年生活、寫作的故居美濃區尖山山麓土地，動員社會力量與民間合力建成，是台灣由民間合力興建的第一座平民文學家紀念館，益加值得珍惜紀念。

紀念館以台灣坊間民宅為設計主調，一樓展示有關鍾理和的文學資料，包括手稿、日記、雜記、生活用品及研究鍾理和文學的相關文件資料。二樓展示台灣許多作家的著作、照片、手稿等，並設有小型會議室、休息室，現由財團法人鍾理和文教基金會管理，期能「台灣現代文學史料館」的目標永續經營，世代流傳。

民國86年紀念館兩側興建台灣文學步道園區，豎立鍾理和紀念雕像，成為全國第一座台灣文學步道園區，同時推選30多位台灣作家作品，將他們的名字和名言以文學碑石鋪陳步道設立於紀念館外，花木扶疏，綠意盎然，文學的氣息也更為濃郁。鍾理和文教基金會獲行政院文建會「地方文化館政策」補助，整合紀念館、文學步道園區，於民國92年開始進行「鍾理和紀念館暨文學園區規劃」，朝向文學社區化、加強社會文學教育的方向邁進。

【座標小導遊】

開館時間 ◆ 週二至週日09:00～17:00
閉館時間 ◆ 週一
地址 ◆ 高雄市美濃區朝元路95號
電話 ◆ 07-6822228
門票 ◆ 免費
網址 ◆ http://km.cca.gov.tw/zhonglihe/home.asp

原鄉人

皮影戲館

15 皮影戲館

重現台灣皮影戲的演出實況的一座多功能的戲曲博物館。

皮影戲館座落於高雄岡山區，是一座多功能的戲曲博物館。主要陳列區包含主題館、專題館和特展區，主題館強調台灣皮影戲的演出實況和重要的構成因素，同時擴及大陸皮影種類和世界各地主要皮影類型的綜合比較；專題館則介紹高雄五個傳統劇團的歷史背景和演出生態；而特展區則不定時邀請收藏家展出其典藏品，或是展出該館的典藏收藏品。

皮影戲自三百多年前由大陸潮州傳入南臺灣之後，高雄便成為臺灣皮影戲的重要發源地。在皮影藝術式微的今日，皮影戲館的成立正扮演著承先啓後的重要角色。皮影戲館是在行政院文建會與省教育廳的指示下，於民國75年8月開始展開籌設工作，先期規劃由邱坤良教授負責，自民國77年籌備規劃至民國82年開館，民國83年正式營運，歷經五年餘終於完成。

【座標小導遊】

開館時間 ◆ 09:00～12:00 / 13:30～17:00
閉館時間 ◆ 週一及週二上午、節日隔日
地址 ◆ 高雄市岡山區岡山南路42號
電話 ◆ 07-6262620
門票 ◆ 免費
網址 ◆ http://163.29.243.14/shadowtheater2/

神刀傳奇
神刀傳奇

16 佛光緣美術館

將佛教與藝文結合的心靈開放的空間。

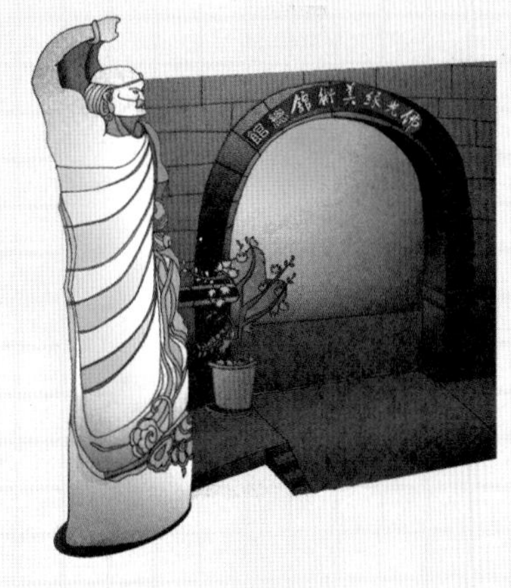

位於佛光山大雄寶殿後方，占地六百坪的佛光緣文物展覽館（今佛光緣美術館總館），於民國80年12月正式落成，以展示現代創作為主，融合傳統文物、雕刻等珍藏品展示。另一空間為「雲水三千」常設展，為星雲大師弘法五十年，以文化、教育、慈悲、共修為主的影像展，展現人間佛教的人間性、生活性、利他性、喜樂性、時代性、普濟性。

該館將佛教與藝文結合，為民眾提供一個心靈開放的空間，參與互動的文化藝術天地，提昇大眾生活品質、內涵。

〖座標小導遊〗

開館時間 ◆ 週一至週五09:00～17:00，週六08:30～17:30，週日08:30～17:00
地址 ◆ 高雄市大樹區興田里興田路153號
電話 ◆ 07-6561921＃1437
門票 ◆ 免費
網址 ◆ http://fgsarts.webgo.com.tw/

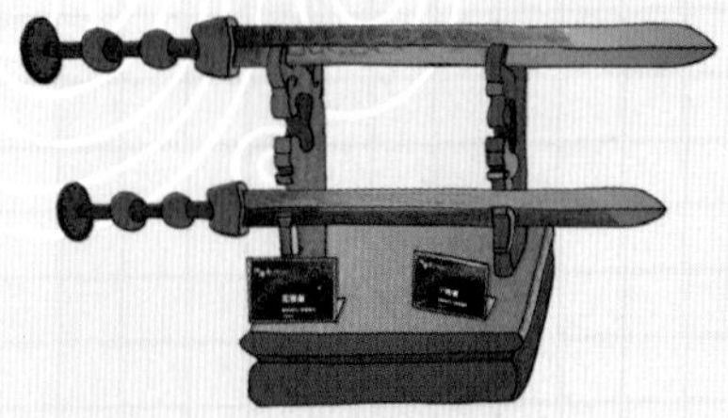

17 郭常喜藝術兵器文物館

常設展出中國歷代刀劍兵器，
乃至刀劍藝術之學術研討及研習活動。

郭常喜藝術兵器文物館位於南台灣西岸的一個漁村——茄萣區，是高雄市沿海地區最北端的行政區。緊鄰興達漁港，興達港漁船漁獲種類繁多，因此於市場上的鮮魚，活蝦、貝類及各式活蟹無一不齊，不但吸引了台南及高雄的遊客，每逢假日由屏東、中北部搭遊覽車來逛魚市場的人也不少，有機會來到茄萣區興達漁港的民衆，不妨也到郭常喜藝術兵器文物館來走走看看。

文物館的基地面積為70坪，主要為二層樓的展示空間，一樓有藝術刀劍創作區、農具區、古劍區及販賣區；二樓則規劃有中國歷代刀劍、原住民佩刀、宋江陣及休憩區等。

該館展出內容為中國歷代之刀劍，從石器時代至清代之歷代兵器及民俗宋江陣、原住民禮刀等，共計有六百多件文物供民衆參觀，並不定期舉辦特展及籌辦各項攸關刀劍藝術之學術研討會及研習活動。另設有教學示範區，供團體事先預約，由郭常喜先生親自示範教學。

【座標小導遊】

開館時間 ◆ 週二至週日09:00～18:00（12:00～13:30 休館）
閉館時間 ◆ 週一
地址 ◆ 高雄市茄萣區民生路226號
電話 ◆ 07-5550331 # 300
門票 ◆ 全票50元；優待票30元（學生及60歲以上年長者）。
免費對象：70歲以上及國小以下學童（需由家長陪同）、各地文化志工憑證個人免費。地方文化館、文化中心館員及家屬一律免費。
網址 ◆ http://6989595.5168.net/index.php

郭常喜藝術兵器文物館

18 旗山生活文化園區

由校舍轉型為旗山地區的生活文化空間，一個公共、親民良善的藝文活動場所……

旗山生活文化園區前身為旗山鎮鼓山國小，是旗山僅有的兩座日治時期古蹟校舍之一，民國90年遷校後即由文化局分年進行修復及景觀改善工程，並定名為「旗山生活文化園區」。

園區持續舉辦音樂表演、藝術展覽、空間藝術創作等活動，並製作旗山文化與影像紀錄，建立志工團隊，培養民眾參與藝文活動的習慣。此外，還與在地店家積極合作，向店家募集單車，推動租車優待券，提供美食及單車導覽地圖。

園區由原來的校舍轉型為適合居民及遊客使用的生活文化空間，強調公共性及親民性，讓各年齡層的民眾皆能親近，不但使古蹟活化再利用，也提供旗山地區一個良善的藝文活動場所。

【座標小導遊】

開館時間 ◆ 週二至週日09:00～21:00
閉館時間 ◆ 週一
地址 ◆ 高雄市旗山區文中路7號
電話 ◆ 07-6628868
門票 ◆ 免費
網址 ◆ http://www.banana.url.tw/clcp/index.html

高雄縣政

19 橋頭糖廠

糖業的歷史文化及橋頭糖廠仿西洋式建築之美，喚起兒時吃冰棒、坐小火車上學的甜蜜記憶。

糖業為高雄早期相當重要的地方產業，更是許多南部人吃冰棒、坐小火車上學的甜蜜記憶，具有特殊的糖業文化背景與地方文化；而橋頭糖廠是台灣由人力製糖進入現代化機械製糖的第一座糖廠，具有相當重要的象徵意義。目前糖業的發展日趨沒落，地方發展也趨於遲緩，藉由觀光休閒活動的引入，將糖業的歷史文化及橋頭糖廠仿西洋式建築之美，呈現世人。

糖業博物館內除了原有製糖工場的現地解說參觀外，更將舊有糖倉改造成為舒適的展示館，包含互動式的製糖教育，生動的糖業鐵道文化介紹以及舊糖廠之創意回顧等精彩豐富的內容，館內亦陳列許多來自各地著名的藝術家所創作的多媒材創作品。

基於橋仔頭糖廠為台灣由老式糖廠進入現代化製糖的第一座糖廠，更是台灣工業化發軔地，具有歷史文化重要的象徵意義，台糖公司於橋仔頭糖廠成立台灣糖業博物館，並於民國95年5月1日該公司六十週年慶同時開幕，希望藉由博物館的誕生讓台灣糖業的文化傳承下來，並冀望資產活化，增進地方發展，開創後糖時代的先機。

【座標小導遊】

開館時間 ◆ 週二至週日09:00～21:00
閉館時間 ◆ 週一
地址 ◆ 高雄市橋頭區糖廠路24號
電話 ◆ 07-6113691
門票 ◆ 免費
網址 ◆ http://www.tscleisure.com.tw/museum/index.htm

notes

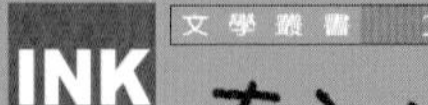

文學叢書 288

南方人文聚落

大高雄人文印象暨文化館

文　　字｜鍾鐵民 等
攝　　影｜盧昱瑞
插圖、地圖｜周里津、阮亞婷

出 版 者｜高雄市政府文化局
發 行 人｜史哲
企劃督導｜劉秀梅、郭添貴、潘政儀、陳美英
行政企劃｜林美秀、張文聰
地　　址｜802 高雄市苓雅區五福一路67號
電　　話｜07-2225136　傳　　真｜07-2288814
網　　址｜www.khcc.gov.tw

編輯承製｜印刻文學生活雜誌出版有限公司
總 編 輯｜初安民
編輯企劃｜田運良、林瑩華
視覺設計｜黃裴文
地　　址｜235 新北市中和區中正路800號13樓之3
電　　話｜02-22281626　傳　　真｜02-22281598
網　　站｜www.sudu.cc
總 經 銷｜成陽出版股份有限公司
電　　話｜03-2717085　傳　　真｜03-3556521
郵政劃撥｜19000691 成陽出版股份有限公司

出版日期｜2011年4月 初版
ISBN　978-986-6135-26-2
GPN　1010000908
定　　價｜280元

指導單位｜文建會

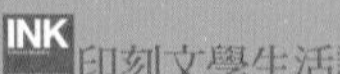

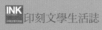

高雄市政府文化局
Bureau of Cultural Affairs Kaohsiung City Government

INK 印刻文學生活誌

國家圖書館出版品預行編目資料

南方人文聚落／鍾鐵民等著；--初版，
--新北市中和區：INK印刻文學；高雄市：高市文化局，
22011.4　面；17 × 23公分. –
ISBN 978-986-6135-26-2（平裝）

1.文化觀光 2.文化機構 3.高雄市
733.9/131.6　　100006189

大高雄地方文化館
A 美濃區
鍾理和文學紀念館
廣興國小陶藝館
台灣文學步道
廣福街
民族路
那瑪夏區
桃源區
甲仙區
六龜區
杉林區
內門區
茂林區
美濃區
旗山區
田寮區
阿蓮區
湖內區
茄萣區
路竹區
永安區
岡山區
燕巢區
彌陀區
橋頭區
大社區
A
B
C
D
E
F
B 旗山區
3
旗甲路一段
旗山生活文化園區

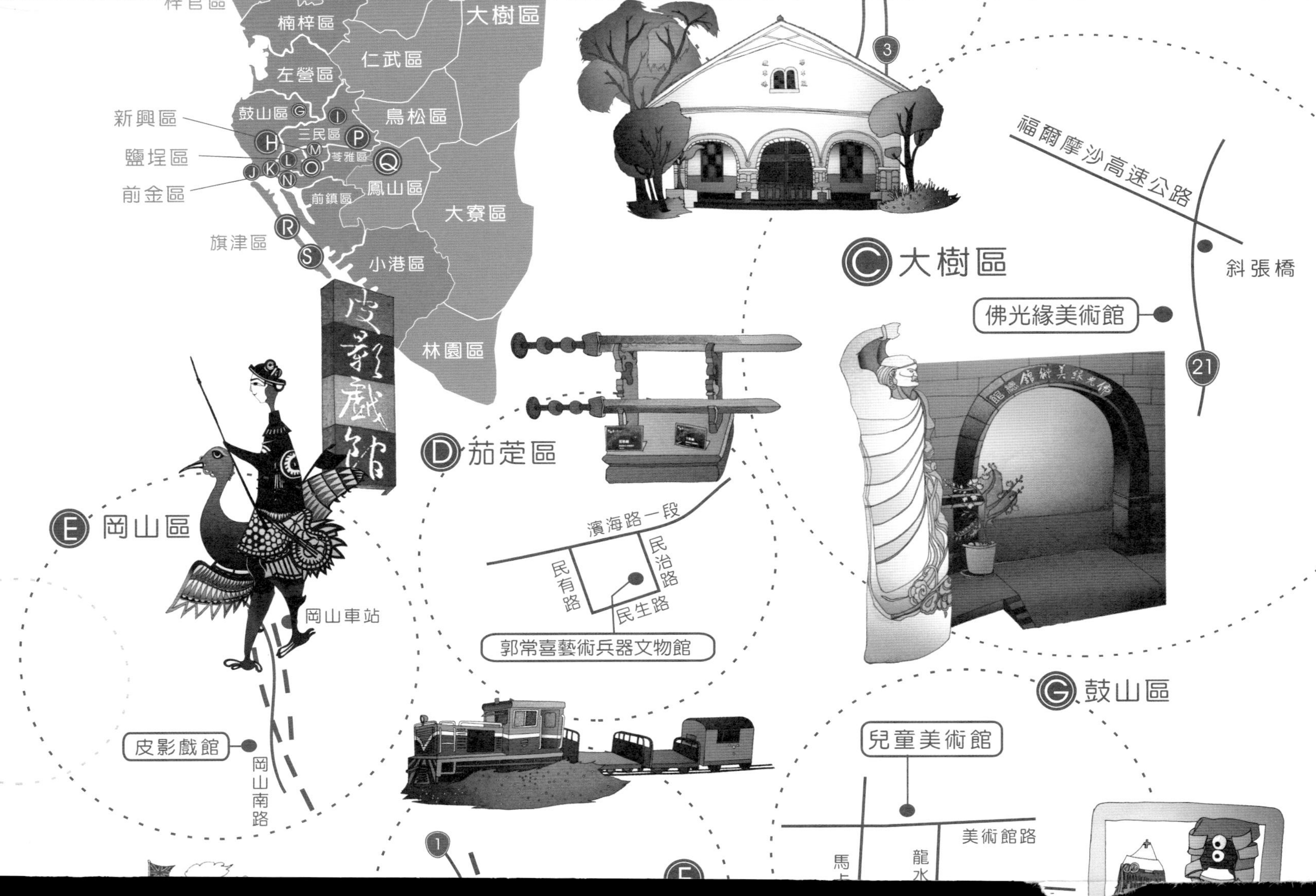
楠梓區
大樹區
仁武區
左營區
鼓山區
新興區
鹽埕區
前金區
三民區
苓雅區
鳥松區
鳳山區
前鎮區
大寮區
旗津區
小港區
林園區
皮影戲館
C 大樹區
福爾摩沙高速公路
斜張橋
佛光緣美術館
D 茄萣區
E 岡山區
岡山車站
濱海路一段
民有路
民治路
民生路
郭常喜藝術兵器文物館
皮影戲館
岡山南路
G 鼓山區
兒童美術館
美術館路
龍水

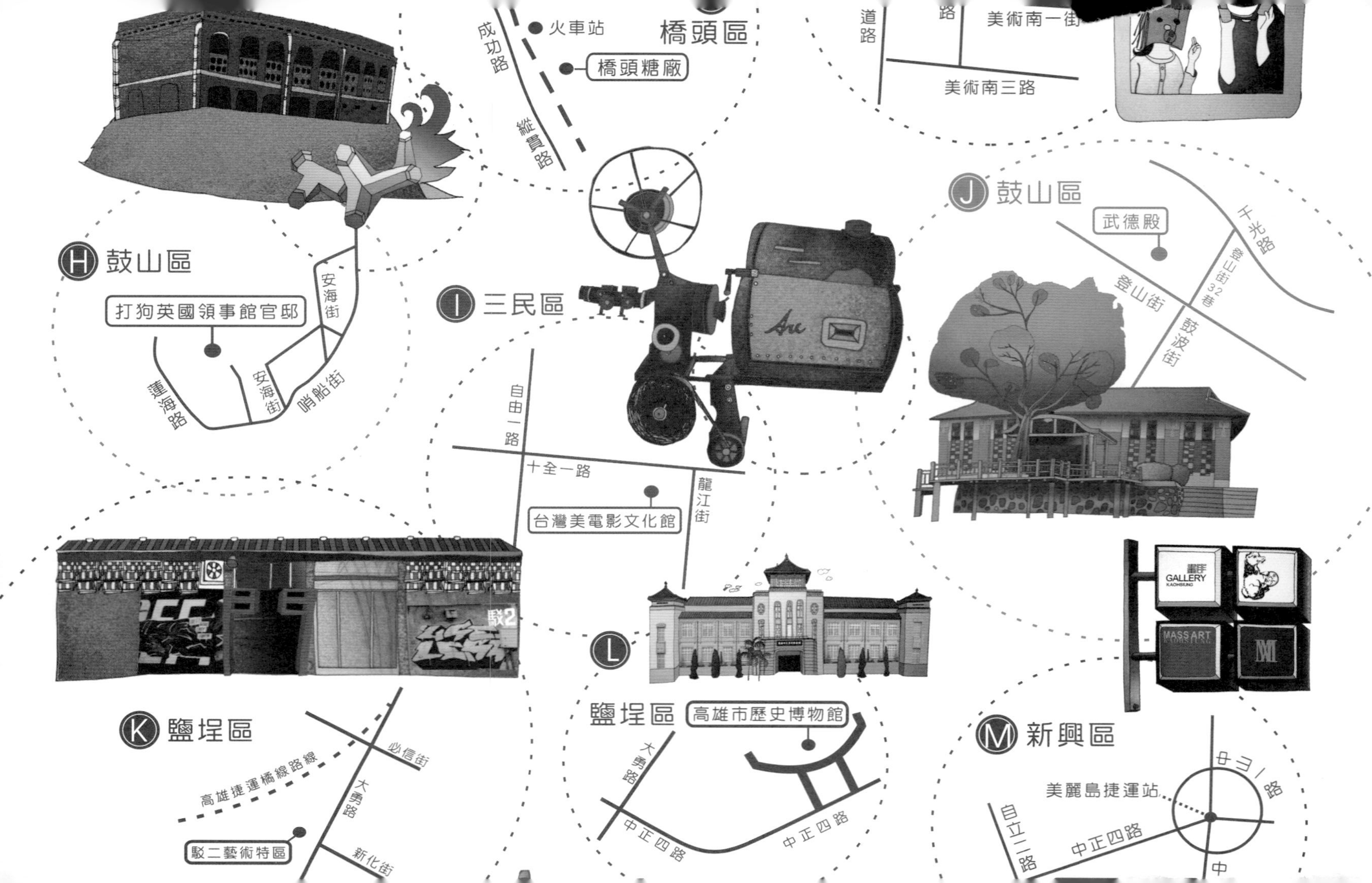
H 鼓山區
打狗英國領事館官邸
蓮海路
安海街
哨船街
安海街
橋頭區
火車站
橋頭糖廠
成功路
縱貫路
I 三民區
自由一路
十全一路
龍江街
台灣美電影文化館
道路
美術南一街
美術南三路
J 鼓山區
武德殿
千光路
登山街32巷
登山街
鼓波街
K 鹽埕區
駁二藝術特區
高雄捷運橋線路線
必信街
大勇路
新化街
駁2
L
鹽埕區
高雄市歷史博物館
大勇路
中正四路
中正四路
M 新興區
美麗島捷運站
自立二路
中正四路
中山一路
中
GALLERY
KAOHSIUNG
MASS ART

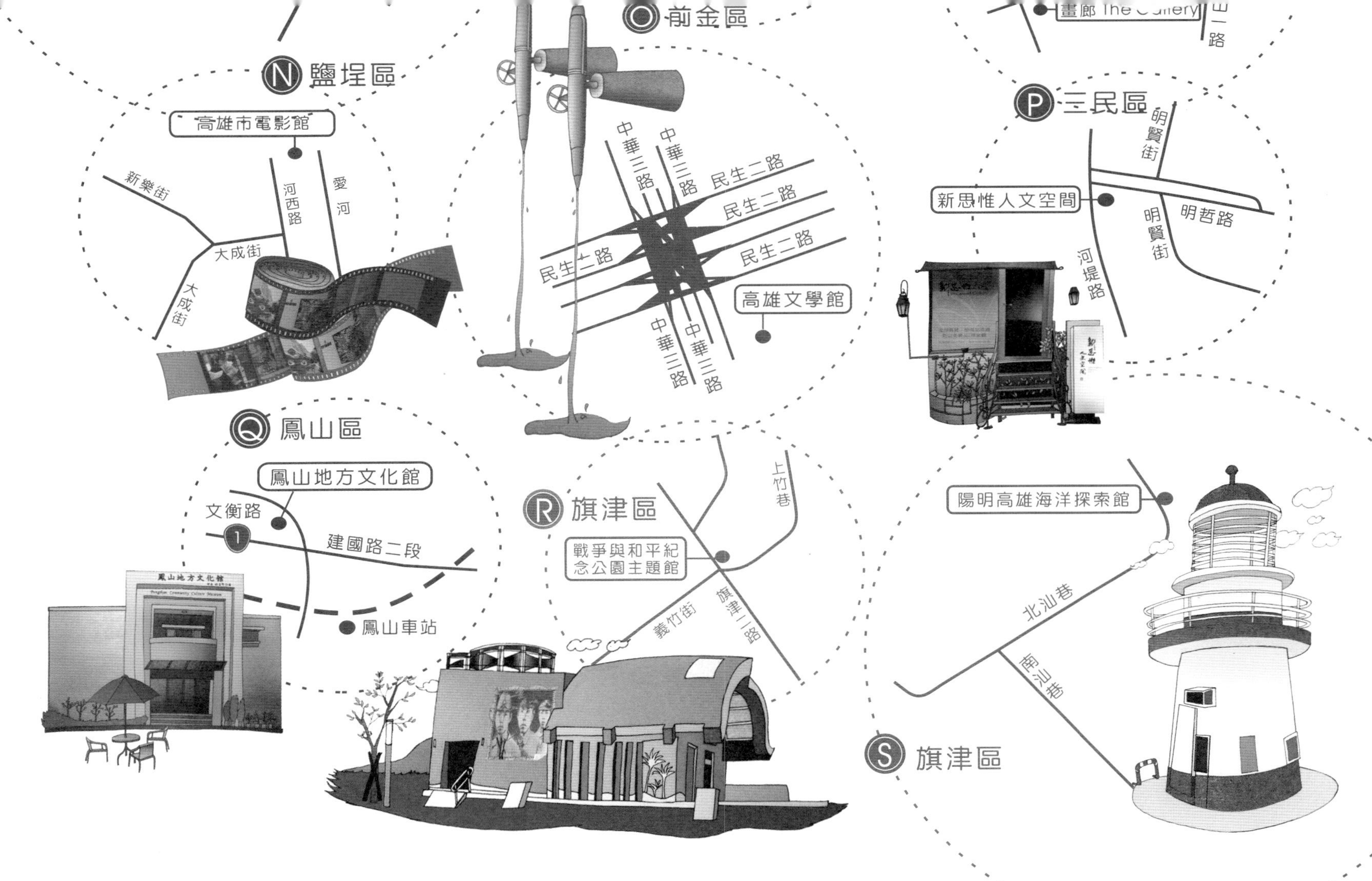
N 鹽埕區
高雄市電影館
新樂街
大成街
大成街
河西路
愛河
O 前金區
中華三路
中華三路
中華三路
中華三路
民生二路
民生二路
民生二路
民生二路
高雄文學館
P 三民區
明賢街
明賢街
明哲路
河堤路
新思惟人文空間
Q 鳳山區
鳳山地方文化館
文衡路
建國路二段
鳳山車站
R 旗津區
戰爭與和平紀念公園主題館
上竹巷
義竹街
旗津二路
S 旗津區
陽明高雄海洋探索館
北汕巷
南汕巷